# 대성동

## DMZ의 숨겨진 마을

임종업 지음

소동

# 비무장지대 첫 마을, 대성동

한반도 비무장지대De Militarized Zone 안에는 민간인 마을이 두 곳이 있다. 군사분계선Military Demarcation Line을 기준으로 남쪽, 즉 대한민국의 대성동 '자유의 마을'과 북쪽, 즉 조선인민민주주의공화국의 기정동 '평화의 마을'이 그것이다. 4킬로미터 폭으로 한반도를 동서로 가로지르는 띠 형태의 비무장지대 내 민간인 거주 지역인 데다, 한국전쟁의 휴전회담과 후속 군사정전위원회 회의가 열린 판문점의 자매 마을에 해당돼 그 이름이 널리 알려져 있다. 유명도에 비해 마을의 속내는 베일에 싸인 편이다. 판문점과 함께 군사 구역인지라 자세한 지리와 내부 사정은 기밀에 해당하며 외부인의 접근이 원천적으로 차단돼 있기 때문이다.

## 대성동에 관한 이야기

이 글은 두 마을 중 남쪽에서 접근이 가능한 대성동 '자유의 마을'에 관한 이야기다. 대성동이 아니라 대성동에 관한 이야기라 한 데는 까닭이 있다. 엄밀하게 말하면 대성동은 없다. 주민들이 거주하는 마을은 파주시(옛 장단군) 군내면 조산리에 해당할 뿐이다. 대성동은 명확한 구분선으로 획정된 행정 구역 이름이 아니라 47세대가 밀집된 주거지와 주민들이 농사를 지어 생계를 꾸리는 인근 영농 지역을 일컫는다. 치열했던 한국전쟁과 대한민국이 배제된 채 맺은 정전협정 뒤 엄혹한 남북 대치 상태를 통과해 온 주민들의 경험과 1960년대 이후 대한민국 선전 마을로 집중 개발돼 지금에 이르는 과정 역시 대성동의 일부다. 오랫동안 장을 보러 오가다가 끊겨버린 북녘 땅 개성으로 가는 옛길과 임진강, 민간인통제선, DMZ 남방한계선 등 삼엄한 차단선을 통과해야 하는 남쪽으로부터의 새 길을 아우르면 비로소 대성동 얼개가 완성된다.

하지만 그것은 겉보기일 뿐이다. 마을 앞 영농지를 목전에 두고, 지금은 옥토가 된 그 땅을 일군 과정을 기술한들 주민들이 쏟았을 피땀에 이를 수 있을까. 들녘 끝이 바로 군사분계선이다. 일촉즉발 행여 국지전이라도 터지면 십자포화의 한가운데서 희생이 될지도 모르는 극한 상황에서 땅과 씨름했을 주민들의 심정에 닿을 수 있을까. 옷깃을 여민다.

어떤 장소를 속속들이 알려면 네 계절을 머물러야 한다. 그것이 불가능하면 적어도 일주일은 그곳에서 먹고 자봐야 하지 않을까 싶다. 그마저 안 되면 하룻밤이라도 자고 일어나 아침과 저녁 햇살이 어떠한가를 느껴봐야 하지 않는가. 언감생심이다. 외부인은 숙식 불가다. 이장님은 디스커버리 방송 취재진이 대성동의 아침을 보고 싶다고 했을 때도 거절할 수밖에 없었다고 했다. 어쩌겠는가. 코로나19로 출입을 통제하는 시기를 피하고, 농번기를 피하고, 이장님이 바쁜 때를 비켜 마을을 수차례 방문했다. 외부인으로 하루 머물 수 있는 최대한의 시간 동안 그곳을 둘러보고, 주민을 만나 인터뷰하는 식으로 작업을 진행했다. 그 나머지 시간은 자료를 찾아 인터뷰 내용을 보강하거나 뒷받침하는 데 보냈다.

비무장지대, 군사분계선, 남방한계선, 판문점, 정전협정, 한국전쟁. 대성동 주민에게 체화한 대상일 테다. 하지만 내겐 한국 현대사의 용어였을 뿐이다. 용어가 지칭하는 구체 대상의 어떠함에 이르기까지 우여곡절 과정이 필요했다. 파고들수록 작은 대성동 마을은 점점 커져갔다.

요체로 이끄는 향도는 역시 지도다. 국립지리원(국토지리정보원으로 개칭)이 1979년에 인쇄한 5만분의1 개성 지도. 남쪽으로 임진강 하구에서 금촌까지, 북쪽으로 개성에서 판문점을 아우른다. 이 지도로써 한국전쟁이 터지기 전 10대였던 마을 주민 김경래 씨가 인삼을 수레에 싣고 개성으로 가던 길을 찾았다. 임진각으로 옮겨 전시하고 있는 장단역 증기 기관차가 마지막으로 달렸을 경의선 옛 철길을 알 수 있었다.

무엇보다 대성동과 대성동이 놓인 지리적 문맥을 파악할 수 있었다. 대성동 마을회관 옥상에서 희미하게 보이던 진봉산, 덕물산, 천덕산, 군장산이 특정되고 거기서 내린 물을 받아 곡류하는 사천

5만분의1 개성 지도. (국립지리원)

이 모습을 드러냈다. 이와 함께 대성동 들녘을 적시는 물줄기가 대덕산, 백악산에서 발원해 들판 한가운데를 가르고 사천으로 유입하는 모양새가 그려졌다.

그 지도에 군사분계선을 겹쳐보니 한국전쟁 말기 대성동과 멀지 않은 곳에서 벌어진 사천 전투의 전모가 한눈에 들어왔다. 게다가 도라산 인근에서 발견된 제3땅굴이 어디에서 시작됐는지도 알게 되었다.

## 파주보다 개성이 가깝다

대성동 마을을 처음으로 방문하던 날이 아직 생생하다. 모내기가 한창이던 때인데 그곳 날씨가 궁금하던 차 누군가 파주보다 개성 날씨를 참고하라고 말해줬다. 나중에 확인한 바, 직선거리로 파주(파주시청 기준)에서 20킬로미터, 개성(개성역 기준)에서 12.7킬로미터여서 개성이 훨씬 더 가깝다.

자료 정리 막판에 다시 들은 주민 인터뷰 녹음은 생생했다. 애초 핵심을 묻는다고 던진 나의 질문은 어리바리했고, 어리둥절해하며 응한 인터뷰이의 답변에 사실과 단서들이 반짝거렸다. 귀찮음을 마다치 않고 인터뷰에 응해준 김동구 이장을 비롯해 마을 원로 박필선 선생, 김경래 선생, 대성동초등학교 윤영희 교장, 조영숙 부녀회장, 김용성 새마을 지도자께 감사드린다.

자료 정리의 토대는 아무래도 《경기도 DMZ 자유의 마을 대성동》(경기문화재단 펴냄, 2014년)이다. 기초 조사가 충실해 많은 빚을 졌다. 특히 책에 수록된 주민 인터뷰는 필자가 아우르지 못한 부분이 많아 의지가 됐다. 도토리 줍다 북에 끌려갔다온 홍 아무개 씨와 '걸어 다니는 옥편'으로 불리는 토박이 김○예 씨 인터뷰는 문맥을 다듬어 이 책에 전재했다.

DMZ에서 복무했던 미군의 기록은 고민 끝에 참고해 책에 포함했다. 대성동 마을이 아직도 미군 관할인 데다, 미 병사들 역시 현지 복무 기간이 짧고 부정기적이었을지언정 대성동 사람들과 마찬가지로 한때 DMZ 주민이었기 때문이다. 그들의 고귀한 복무와 희생에 경의를 표한다.

어쨌든 대성동은 주민들이 자리 잡아 누대 살아온 그들의 향토다. 전쟁이 휩쓸고 남북으로부터 격절된 선전 마을이 되었을지언정 땅과 사람은 그대로다. 그들은 소외를 원치 않은 만큼 관광 자원으로 소비되기를 원치 않는다.

저자의 글

대성동 들판. 태극기와 인공기가 나란히 보인다.

**대성동의 밤 풍경.** © 김동구

대성동 들판에서 바라본 북쪽. 기정동의 인공기와 송악산이 보인다. ⓒ 김동구

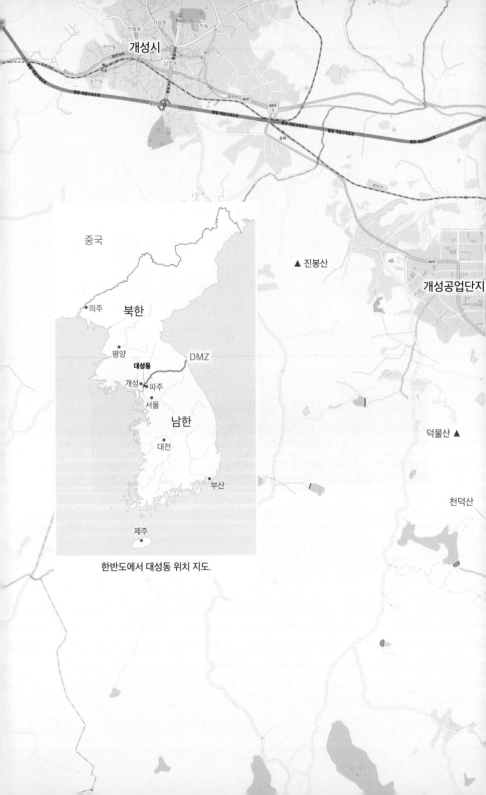

개성시

▲ 진봉산

개성공업단지

중국

북한

의주

평양

대성동

DMZ

개성 · 파주

서울

남한

대전

부산

제주

덕물산 ▲

천덕산

한반도에서 대성동 위치 지도.

사천강

72시간 다리

판문점

선적리

돌아오지 않는 다리
(판문교)

기정동

대성동

통일로

제3땅굴

희망로

통일촌

경의선

캠프 그리브스
유스호스텔

통일대교

도라산역

임진각

장단면

비무장지대(붉은색 빗금)

자유의 다리

북방한계선

군사분계선

남방한계선

사천강

임진강

장단반도

대성동과 그 주변. ©OpenStreetMap을 기초로 작업

임진강

# 차례

# 정상회담을 엿들은 주민

남북 정상회담이 열린 2018년 4월 27일 판문점. 오전 회담과 오찬을 마친 남측 문재인 대통령과 북측 김정은 국무위원장은 오후 회담에 앞서 도보다리에서 40분 동안 배석자 없이 대화를 나눴다. 방송 카메라를 멀리 물리쳐 이들의 친교 대화 장면은 묵음 처리한 영상과 흡사했다. 그런 탓일까. 사람들의 이목은 대화 내용보다 연두색 봄볕 속 청아한 새소리와 하늘색 도보다리에 쏠렸다.

도보다리는 군사정전위원회(군정위)·중립국감독위원회(중감위) 회의실과 중감위 캠프 사이의 50여 미터 폭 습지를 가로지른다. 본래 중감위 위원들은 캠프에서 자신들의 회의실로 가려면 습지를 에둘러 공동경비구역 정문을 통과해야 하는데, 이 불편을 없애려 공동경비구역 가동 초기에 지름길을 만든 것이다. 콘크리트 교각을 점점이 박고 이를 철강재로 이은 다음 그 위에 널판을 깔았다.

2018년 4월 27일 아침, 대성동 주민들은 연도에 나와
남북 정상회담의 성공을 빌며 대통령 일행을 환영했다. 회담장을 향해 가던 문재인 대통령은
도중에 내려 일일이 대성동 주민들과 악수하고 기념사진을 찍었다. ⓒ 김동구

회담 4주 전쯤. 두 정상의 도보다리 산책이 예정돼 있다는 소식을 접한 한미연합사 및 1사단 한국군 장성들은 현장 점검을 위해 그곳을 찾았다. 실사 결과, 폭 150센티미터인 도보다리가 두 정상이 나란히 산책하기엔 좁다는 결론을 내렸다. 문 대통령과 김 국무위원장이 나란히 걸으면 꽉 낄 정도였다. 두 정상이 앞뒤로 걸어간다면 다정한 모습보다는 뭔가 사이가 틀어진 듯한 분위기가 연출될 판이었다. 폭넓은 다리를 새로 세우기엔 일정이 촉박했다. 기존의 다리 상판에 널판 2개를 덧대면 50센티미터 너비를 더 확보할 수 있다는 계산이 나왔다. 한국 마음대로 공사를 할 수 없었다. 판문점은 유엔사 관할이기 때문이다. 한국 측은 빈센트 브룩스 유엔군 사령관을 설득해 보강 공사에 대한 동의를 얻어냈다. 공사를 하면서 중간쯤에서 T자 모양으로 곁다리 하나를 새끼쳐 그 끝에 작은 공간을 마련했다. 마침 습지 북쪽 끝에 군사분계선 표지판이 있었는데, 그 가까이에서 두 정상이 친교 대화를 한다면 좋은 그림이 나올 거라는 판단이었다. 이참에 한국 측은 다리 전체를 산뜻하게 갈색으로 도색하려 했지만 유엔 쪽에서 원래의 하늘색이 자신들의 상징색이라며 거절했다. 대신 분계선 표지판을 새로 칠해줄 수 있다는 제안을 받았으나 이번에는 한국 쪽이 거절했다.

회담 당일 두 정상은 도보다리 중간에서 ㄱ자로 꺾어 군사분계선 표지판 앞으로 옮겨가 미리 마련해 둔 벤치에 앉았다. 마지막까지 따라붙은 북측 방송 카메라 기자를 물리친 두 정상은 본격 대화를 나누기 시작했다. 망원렌즈에 잡힌 방송 화면은 컬러 무성 영화와 흡사했다. 시청자의 눈길이 온통 두 등장인물의 표정과 입 모양에 담뿍 쏠린 가운데 청아한 배경음이 미리 준비된 듯이 들렸다. 되지빠귀 지저귐 소리였다. 봄이면 그곳을 찾아오는 철새이다.

두 정상의 밀담을 엿들은 새들은 모두 13종류였다. '꿔~꿩' 하는 꿩, 빠르게 쩩쩩거려 방울이 또르르 구르는 듯한 방울새, 높은 음으로 '끼끼끼끼끼' 하는 청딱따구리, 이 밖에 소쩍새, 산솔새, 섬휘파람새, 오색딱따구리, 알락할미새, 박새, 직박구리, 멧비둘기, 붉은머리오목눈이 등이 합류했다. 새의 활동이 뜸해지는 오후였는데 이 정도라면 새벽에는 훨씬 더 많은 새들이 등장했을 것으로 예상된다. 전문가한테 물어보니, 조류 염탐꾼들은 숲이 상당 부분 훼손된 지역에 출몰하는 종류라고 했다.

이날 아침 문 대통령 일행은 판문점 회담장으로 향하는 연도에서 또 다른 주민들을 만났다. 바로 환영 나온 대성동 사람들이다. 평소 무인 무차 지대인 JSA대대에서 판문점 길에 일행을 반기는 민간인들이라니…. 대통령 일행을 태운 차량 행렬은 이들을 지나쳤다가 대성동 갈림길 길목까지 후진했다. 문 대통령이 전용차에서 내려 환하게 웃으며 주민들에게 다가와 악수를 청했다. 2014년 19대 국회 국방위 소속으로 활동하면서 국회의원 신분으로 이곳을 방문한 적이 있는 그에게 주민들은 구면이었다. 대통령은 주민들과 일일이 악수를 하고 기념사진까지 찍었다고 한다.

남북 정상은 이날 회담 결과 "한반도의 평화와 번영, 통일을 위한 판문점 선언문"을 채택했다. 남북 고위급회담 개최, 남북 공동 연락사무소 설치, 이산가족 상봉, 동해선·경의선 연결, 확성기 방송·전단 살포 등 적대 행위 중단 등을 포함했다.

하지만 회담 이후 남측은 일부 탈북민 단체의 대북 전단 살포를 막지 못했고 이에 대응하여 북쪽은 개성 남북 공동 연락사무소를 설치 2년 만인 2020년 6월 폭파해 버렸다. 대성동에서는 '쿵' 하는 폭발음에 이어 치솟는 검은 연기가 목격됐다. 대성동 주민의 가슴 역시 '쿵' 하고 내려앉았다.

판문점, 대성동 지명이 한국 전쟁에서 비롯한 데 비기면
판문교의 전설은 누천년에 걸쳐 웅숭깊다.
판문점 시설이 낡아 명을 다할지라도 대성동 주민의 삶은
계속될 터이다.

# 이름 없는 마을

대성동 또는 판문점에는 전설이나 설화를 찾아보기 어렵다. 그곳이 지금처럼 분단의 상징으로 부각되기 전에는 개성권역의 이름 없는 마을이었기 때문이다. 조선 시대 수도인 서울과 북방 국경 도시 의주를 잇는 의주로 길목이어서 과거를 보러 오가는 벼슬 지망생이나 변방을 수비하는 조선 병사들이 오갔을 법하고, 임진왜란, 병자호란 때는 일본, 또는 중국 병사들이 오갔을 터이다. 하지만 군대가 의지하여 매복 또는 주둔할 만한 지세가 아니어서일까, 그에 얽혀 전하는 이야기가 없다.

### 널문리, 판문점, 대성동

그런데 판문점과 대성동이 현재 이름으로 불리게 된 '현대판 지명 전설'이 있다. 시대적 배경은 한국전쟁이다. 정전회담이 오랜 휴지

1967년의 대성동 마을 표지판 (국가기록원)

기 끝에 자리를 옮겨 다시 시작되는데, 원래 회담장이 있었던 개성에서 동쪽으로 옮겨온 곳이 널문리다. 사천강 지류에 놓인 넓적다리(판적교)에서 마을 이름을 따온 건데(혹은 그 반대일 수도 있다), 당시에는 서너 가구가 사는 작은 천변 마을이었다. 그곳에서 임시로 천막을 치고 회담을 하다가 지금과 같은 회의장 시설을 남동쪽으로 1킬로미터 옮겨지으며 마을 이름도 함께 가져왔다.

문제는 널문리가 한국어 고유의 지명이라는 점이다. 정전회담 당사자가 유엔군(미군)과 북한 인민군, 중공 의용군이어서 마을 이름을 한글, 영자, 한자로 표기할 수 있어야 했다. 그렇게 해서 급조한 것이 널문리의 중국식 표기 '판문점板門店'이다. '널'을 한자로 직역해 판板으로, 마을을 뜻하는 리里는 중국식 표기 점店으로 바꿨다. 중국과 한국은 오랫동안 한자 표기법을 공유한 까닭에 중국식 표기 板門店은 한국식 한자음 판문점으로 자연스럽게 굳어졌다.

판문점이 중국식 표기라면 대성동은 미국식 표기에서 비롯한다. 고지도를 보면 현재 대성동 즈음에 태성台城이 등장할 뿐 대성도, 대성동도 없다. 현재 행정 구역상으로도 파주시 군내면 조산리이다. 정전협정에 따라 DMZ 안 분계선 남북쪽 마을 하나씩을 두기로 하면서 'TAE SUNG DONG' FREEDOM VILLAGE라는 이름을 얻었다. (TSD라고 줄여 부르기도 한다.) 마을 앞에 있는 태성에서 따와 '태성 부근의 마을'이라는 뜻으로 이름을 삼은 거다. 그러한 영자 표기를 다시 한글화하는 과정에서 '대성동'이 됐다. 영문자 'TAE'가 '태'로도 '대'로도 전환 가능한데, 둘 중에 '대'를 선택한 것이다. 어쩌면 한자 '台'의 속음이 '대'이기 때문일지도 모른다. 비공식적으

1장 대성동, 누구의 땅도 아닌

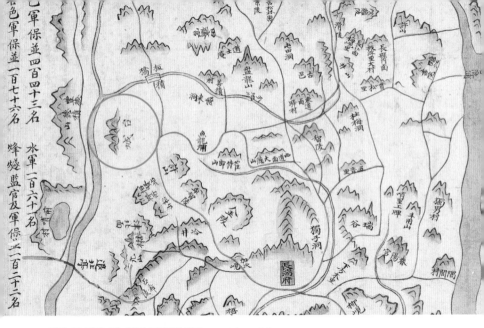

해동지도 장단부에 태성이 표시되어 있다. (서울대학교 규장각)

로 불리던 대성동이 공식 이름을 얻은 것은 2014년 도로명을 따라 주소를 개편하면서부터다. '대성동길 ○○번지' 식으로. 정전회담과 관련한 두 곳의 한국 땅 이름이 각각 중국식, 미국식으로 굳어진 것은 아이러니다.

### 수해가 빚은 판문교 전설

판문점과 관련해 전하는 전설이 하나 있기는 하다. 가장 먼저 채록되기는 1953년에 나온 《판문점의 비사》 171~172쪽에 "거룡과 전원미녀"라는 제목으로 다음과 같은 글이 실려 있다. 당시 서울신문 판문점 출입 기자인 지은이가 백발노인한테서 들었다는 판문교에 얽힌 전설이다. 전문은 다음과 같다.

판문점 하면 누구나가 휴전협상을 연상하고 황톳빛의 허허벌판을 연상한다. 그러나 이 판문점이란 곳은 우기인 여름철만 들어서면 홍수 소동이 일어나고 또 여름 한철은 탁류에 휩쓸리고 마는 것이다.

이 판문점은 임진강 상류인 사천강 지류에 위치하며 문산으로부터 회담 장소가 있는 판문점 주막촌을 가려면 판문교라는 다리가 있다. 그런데 휴전회담이 열리고 있는 판문점에는 이렇다 할 전설이나 사화가 없지만 유독이 판문교에는 옛날부터 거룡과 전원미녀의 아롱진 설화가 이곳에 있는 백발노인에 의해 전해 내려오고 있다.

이야기의 실마리는 1천여 년 전 고구려 시대를 더듬어 올라간다. 이 판문점은 오늘에는 불과 3~4호의 주막촌이지만 그 옛날에는 40~50호의 아늑한 부락이었다. 이 부락에는 촌장이 살고 있었고 어진 이곳 촌장 집안에는 예쁜 외딸이 있었다. 그리하여 이 동리 총각들은 촌장의 딸을 남몰래 사모하였는데 그 중 심술궂은 서민 출신의 한 총각도 그를 남몰래 짝사랑하고 있었다. 그러나 연정을 풀 길 없이 드디어 병사하고 말았다. 이 동리에는 그해부터 여름이면 폭우와 함께 홍수가 휘몰았으며 이 판문교는 해마다 몇 차례씩 떠내려갔다. 촌장은 하다못해 고사를 올리고 제사를 드리었으나 별 효과가 없었다.

그러던 중에 하룻밤은 촌장 꿈에 거대한 청년이 나타나 판문교를 떠내려 보내고 이 판문점촌을 홍수로 휩쓰는 것은 자기 장난이며 자기는 바로 촌장의 외딸을 사모하다 죽은, 같은 동리에 살던 일 청년이라는 것이다. 그러므로 이 동리에서 홍수를 없애는 길은 자기의 원한을 풀어주기 위하여 며칠 후 판문교를 새로 건립하였을 때 촌장의 딸인 미모의 처녀를 제일 먼저 다리를 건너게 하라는 것이었다. 촌장은 꿈에 나타난 대로 실행에 옮기기 위하여 며칠 후 새 다리가 완성되었을 때 자기의 사랑하는 딸을 제일 먼저 다리를 건너게 하였는데 이 처녀가 다리를 건너는 순간 검은 먹구름과 함께 거룡이 나타나 이 처녀를 휘감아 가지고 사라진 후 날은 밝아지고 그 후 다시는 이 판문교를 떠내려 보내는 큰 홍수는 없었다는 것이다. 바로 이 "거룡과 전원미녀"의 전설은 회담이 열리고 있는 이곳 판문점에 남아 있는 백발노인에 의하여 지금까지도 흥미 있게 전해 내려오고 있다.

전형적인 인신 공양 설화다. 국보 제26호인 경주 에밀레종(성덕대왕 신종) 설화와 유사하다. 신라 경덕왕(재위 742~765년)이 아버지인 성덕왕(재위 702~737년)의 공덕을 기려 뜻을 세우고 그 아들 혜공왕(765~780년)이 771년에 완성한 이 동종은 문양과 음향이 아름다울 뿐 아니라 무게가 무려 20톤이나 나가는 거대함이 특징이다. 주조 당시 그 규모를 감당할 기술이 부족했을 터, 여러 차례 실패를 거듭했을 것으로 추정된다. 그런 이유로 주조 과정에 아이를 쇳물에 밀어넣어 공양함으로써 그 원력을 빌렸다는 전설이 생겨나지 않았겠는가. 대형 토목, 건축 공사에는 으레 이런 전설이 생겨난다. 커지는 규모를 기술이 따라잡기 힘든 속성에 따른 것이다.

새로 만든 판문교는 기존의 다리보다 규모가 컸을 거다. 어쩌면 나무다리에서 돌다리로 재질이 바뀌었을 가능성이 크다. 시행착오를 거쳐 어렵게 완성했을 판문교의 안전을 위해 인신 공양, 즉 처녀 공양을 했다는 전설이 부가됐다. 세월이 흐르면서 인신 공양의 잔인성은 처녀로 하여금 처음으로 다리를 건너게 했다는 식으로 유화된 것으로 추정한다. 판문교는 '돌아오지 않는 다리'가 놓인 그 자리에 있었던 것으로 믿어진다.(13쪽 지도 참고) 길의 놓임, 특히 다리의 놓임새는 변하지 않는다. 사람과 우마차의 통행은 지형의 이로움을 따르고, 지형을 거슬러 새롭게 길과 다리를 내기 힘들기 때문이다. 문산과 개성 사이 옛 신작로는 오래전에 통행하던 상하경 길을 따라 지금은 없어진 임진 나루를 건넌 다음, 진동면 동파리 마을을 거쳐 판문교를 지나고, 사천 상류의 물길을 따라 개성으로 들어간다. 임진강이 곡류하며 만든 얕은 여울을 나루 삼고 사천 하류 널따란 강폭을 피해 상류 쪽 지천에 다리를 낸 것이다.

판문교 인신 공양 전설은 곧이곧대로 믿을 게 못된다. 하지만 그 전설에서 해마다 수해를 당해 다리가 떠내려갔다는 것만은 사실에 가깝다고 본다. 사천은 개성 주변의 오공산, 자남산, 남산에서 내리는 물을 받아 동진하여 진봉산 물을 합쳐 대성동 마을에 이른다. 물줄기는 대덕산에서 발원한 지천의 물을 받아 폭을 넓힌다. 이어서 동쪽에서 백학산 물을 받고, 서쪽에서 덕물산, 천덕산, 군장산, 여니산 물을 받아 임진강으로 쏟아낸다. 풍화하기 쉬운 화강암 지대를 관류하는 하천은 상류의 모래를 쓸고 내려와 유속이 느려지는 하류 유역에 그 짐을 내려놓았다. 그 결과로 강바닥이 주변 땅과 높이가 비슷하거나 되레 높아졌다. 평소에는 물이 강바닥으로 복류하여 수량이 적지만 여름 장마철이면 수량이 급격하게 불어나 주변 저지대를 물에 잠기게 한다. 유역에 거대한 습지가 형성되는 것은 당연하다. 그에 따라 오래전부터 논을 일궈 벼농사를 지어 개성과 그 주변에 먹을거리를 공급하는 농경 배후지가 됐다.

## 누천년을 이어온 삶

판문점, 대성동 지명이 한국전쟁에서 비롯한 데 비기면 판문교의 전설은 누천년에 걸쳐 웅숭깊다. 전자와 관련된 장본인은 뜨내기고 후자를 낳은 자는 원주인이다. 판문점 시설이 낡아 명을 다할지라 도 대성동 주민의 삶은 계속될 터이다. 주민들이 한국전쟁을 거치 면서도 고향을 버리지 않은 것도 그런 연유일 테다.

국립 문화재 연구소 비무장지대 문화·자연 유산 실태 조사단이 마을 일대를 조사하고 있다. ⓒ 김동구

참고로 땅 이름의 층위 아래는 대성동 원주민과 다른 선주민의 흔적이 있다. 2020년 5월 26~29일 국립 문화재 연구소 비무장지대 문화·자연 유산 실태 조사단에서 마을 일대를 조사한 결과 마을 남쪽 구릉지에서 구석기 시대 뗀석기 두 점을 수습했다. 규암 재질로 찌르개와 찍개류의 깨진 조각으로 추정된다. 찌르개는 사냥을 하거나 유기물에 구멍을 뚫을 때 썼던 도구이고, 찍개는 돌의 가장자리 일부를 떼어 날을 세운 석기다. 마을 서쪽 토축 성터로 추정되는 태성 북쪽에서 방어를 위해 성곽 일부를 튀어나오게 한 치와 비슷한 얼개를 확인했으며 고려, 조선 시대 토기, 도자기, 기와 조각들을 수습하기도 했다.

# 전쟁 중에도 떠나지 못한 땅

대성동은 곡창 지대다. 실제로 마을 공동 창고는 추수가 끝나면 볏가마니로 그득해진다. 전체 논 면적은 155만 평(512.4헥타르)이고 쌀 생산량은 한해 2,250톤에 이른다. 참고로 2020년 통계청 자료 기준 전국 미곡 생산 면적은 72만 6,432헥타르, 생산량은 50만 6,578톤이며 경기도의 그것은 각각 7만 5,128헥타르, 34만 8,221톤이다.

구글 위성사진으로 보면 대성동 일대는 물이 닿는 곳은 모두 논으로 일궜음을 알 수 있다. 마을 앞은 바둑판처럼 경지 정리가 아주 잘되어 있고, 그 밖의 지역도 물길에 따라 땅의 높이에 맞춰 논머리를 맞대고 있는 모양새다. 1980년대 정부에서 추진한 대성동 종합 개발에 따른 결과다. 하지만 논농사 위주의 농업은 휴전 뒤부터 서서히 갖춰지기 시작했다. 대성동 농사 이야기가 매스컴에 처음 등장한 것은 1953년 10월 12일치 동아일보다.

10일 아침 개최된 휴전회담 서기 간 회의에서 유엔 측은 중립 지대 내의 곡물을 수확하는 방안을 제출했다. 즉 유엔 측은 동 회의에서 대성동 촌락의 농부들이 7월 27일 정전 조인일 이전에 중립지대 내에 심은 곡물을 10월 12일부터 약 1개월간에 걸쳐 동 곡물을 수확케 하자는 것이며 매일 20명의 신분 보장된 농부를 아침 8시부터 저녁 5시까지 해당 지역에 출입시킬 것을 공산 측에 제의한 것이라고 한다.

주민들은 한국전쟁 중에도 고향을 떠나지 않고 농사를 지었다. 1950년 전쟁 발발 당시 주민들은 인민군 트럭이 1번 국도를 따라 남하하는 것을 멀리서 보았을 뿐 전쟁의 불길이 미치지 않아 그해 농사를 지었다. 이듬해 북상하는 전선은 농사철을 피해갔으며 10월 정전협상 장소가 판문점으로 옮겨오면서 유엔군 관할이 되어 전투 지역에서 제외되었다. 1950년, 1951년 모두 농사를 지었지만, 이전 해와 하등 다를 게 없었다. 하지만 1953년에 이르면 사정이 완전히 달라진다. DMZ에 포함된 것이다.

### 지주가 사라지다

DMZ로의 획정은 교류의 소멸이다. 군사분계선이 개성, 평양으로의 길을 끊고, 남방한계선이 문산, 서울로의 길을 막아버린 것이다. 생산 외에 유통이나 서비스에 기반한 부가가치를 창출할 길이 완전히 막혔다. 둘 곳 없는 주민들의 시선은 땅으로 향할 수밖에 없었다. 대대로 농사 지어온 땅이건만 오로지 땅에 목을 매야 하는 상황에

곡창 지대 대성동 들녘. 왼쪽은 모내기가 끝난 뒤, 오른쪽은 수확을 앞둔 가을.

서 땅은 절대치가 된다.

주민들에게 두 가지 커다란 변화가 생겼다. 첫째, 주민들이 농사를 지어온 땅에서 지주가 사라졌다. 대성동 주민은 일부 소수를 제외하고는 개성의 지주한테서 땅을 빌려 농사짓는 소작농이었다. 그런데 38선 이남이었던 개성이 전쟁 뒤 북측 관할이 되면서 개성 지주와 대성동 주민의 소작 관계가 끊긴 것이다. 그에 따라 가을철 수확한 농산물에 대한 소작료를 지불할 필요가 없어 오로지 농사지은 주민의 몫이 되었다. 당시 공식 소작료가 7대3임을 감안하면 주민들이 느끼는 충족감은 미루어 짐작할 수 있다.

둘째, 미군 관할이 되면서 한국 정부의 간섭이 미치지 않았다. 세금이 부과되지 않았고 무엇보다 토지 소유권이 인정되지 않았다. 점유권만이 주어졌을 뿐이다. 따라서 토지 매매, 즉 땅을 팔고 외지로 떠나는 게 차단됐다. 땅을 화폐 다발로 바꾸어 일시에 거머쥐는 대신 해마다 땅으로부터 정직한 수확만을 기대하게 된 셈이다.

전쟁 중 줄어든 영농지는 정전협정 이후 급격히 늘어났다. 묵밭, 묵논 되살리기는 물론 사천변 습지에 대한 대대적인 개간이 시작됐다. 주민들은 경쟁적으로 무주공산 개간에 뛰어들었다. 일단 농사를 지을 정도로 개간이 되면, 그 땅의 점유권은 개간한 주민의 몫이 되었다. 김○래 씨의 말에 따르면 황무지에 흰 헝겊 조각을 매단 왜댑싸리 꼬챙이를 꽂아 영역을 표시하면 '내 땅'이 되었다고 했다. 워낙 개간할 여지가 많아 주민들 사이에서 영역 다툼은 없었다고 한다. 수확철이 지나면 모든 식구가 잡초와 잡목이 우거진 지경에 나가 다음해 씨 뿌릴 논밭을 넓혔다. 일손이 많을수록 영역 확장

논투성이로 표기된 대성동 일대. (국립지리원)

에 유리했다. 특히 힘깨나 쓰는 남정네가 많은 세대의 경작지는 급
속하게 불어났다. 여유가 있는 집에서는 중장비를 동원하고 DMZ
바깥의 일꾼을 불러들였다고도 한다.

　　미군의 불간섭주의도 한몫을 했다. 그들은 군부대에 대한 과도
한 접근만 통제했을 뿐 나머지 공간에 대해서는 주민들의 개간 요
구를 받아들였다. 그 결과 판문점 일대 미군 관할 구역은 군부대와
그 주변, 그리고 나무가 우거진 급경사지를 제외한 모든 지역이 대
성동 영농지로 변했다. 구글 위성 지도를 보면 영농지는 북으로는
군사분계선, 판문점까지 확장돼 있고 남쪽으로는 남방한계선에 닿
아 있음을 알 수 있다.

　　정전협정 체결 당시 유엔사 민사처(군대와 민간인 사이에 발생하

　　　　　　　　　　　　　　1장 대성동, 누구의 땅도 아닌

는 민원을 처리하는 기관)에 등록된 주민으로 거주 자격을 제한한 것도 가구당 영농지가 불어난 데 일조했다. 유엔사는 대성동 주민이 바깥으로 이주하는 것은 허용했지만 외부의 남성 세대주가 대성동으로 이주하는 것은 불허했다. 대성동 여성과 결혼한 외부 남성도 마찬가지다. 대성동 주민 가운데 대가 끊기게 되어 데릴사위를 들이는 경우는 예외적으로 진입을 허용했다고 하는데 실제 그러한 사례는 두 차례밖에 없다고 한다. 따라서 외부로부터의 경쟁 없이 대성동 주민끼리 농지 점유권을 확보하는 게 가능했다. 그로 인해 정전협정 이래 대성동은 마을 규모의 변화 없이 영농지만 확대되어 오늘에 이르고 있다. 1980년대 대성동 종합 개발 단계에서는 경지 정리를 하면서 일부 신규 개간을 제외하고 무작위로 흩어져 있던 기존 농경지를 세대별로 묶어 영농 효율화를 꾀했을 뿐이다.

현재 대성동 가구당 평균 농지 면적은 3만 평(약 10헥타르). 많이 짓는 사람은 최대 8만 평까지 짓는다. 주민들 가운데 2만 평(약 7헥타르) 보유 농가를 '소농'이라고 부른다. 참고로 통계청 2019년 자료를 보면 전국 평균 벼 경작지 면적은 가구당 약 2헥타르이다. (내가 나고 자란 충주에서 논 20마지기, 즉 2천 평을 소유한 집이면 부자 소리를 들었다.) 경지 면적 규모는 대략 남자 형제의 숫자와 정비례한다. 함께 개간에 나서 많은 면적을 확보할 수 있었기 때문이다. 또 외부로 이주하여 농사를 지을 형편이 못되는 동기간이 마을에 잔류한 형제한테 농지를 몰아준 사례도 있다. 새마을 지도자 김용성 씨의 경우, 고등학교 졸업 뒤 아버지와 함께 논 6만여 평에 벼농사를 주로 하고 3천 평 밭에서 '소일거리'로 콩을 재배한다.

대성동 영농지는 다른 용도로 못 쓴다. 외부와 차단된 DMZ의 특성상 그 땅에 농사 말고 다른 업태로 전환하는 것이 불가능하기 때문이다. 파주시의 농지가 지방세 수입 증대 정책으로 농공 단지, 아파트 단지 등 부가가치가 높은 지목으로 변환돼 줄어드는 추세와 완전히 다르다. 대성동이 막판까지 경기 북부의 곡창으로 남은 배경에는 이러한 '쓸모의 제한'이란 사정이 얽혀 있다. 가구당 농지 면적이 넓어진 것과 기계화는 동전의 안팎이다.

"아버지 세대에는 외부의 머슴을 한두 명 들였어요. 한해 단위로 노동 계약을 해서 사철 이곳에 거주하며 농사를 돕도록 했죠. 제가 어릴 때 집집마다 별도로 머슴방이 있었지요. 그런데 아무나 들어올 수 없고 허가도 잘 나지 않아 인력을 구하기가 점점 힘들어졌어요. 땅은 넓고 인력은 모자라니 기계화가 불가피했죠."

김용성 씨의 말이다. 1970년대 보급된 개량 주택에 머슴방이 포함된 사실이 김씨의 말을 뒷받침한다.

벼농사 위주로 개편된 것은 불가피한 측면이 있다. 고추, 콩, 인삼 등 밭농사는 손이 많이 가는 터라 일손이 늘 모자라는 대성동에는 적절치 않은 것으로 결론이 난 것이다. 밭을 논으로 바꾸고 반듯하게 경지 정리를 하고 일정한 너비의 농로를 확보함으로써 기계화를 도모할 수 있다는 암묵적인 판단이었다. 모판 만들기, 모내기, 김매기, 수확 등 일련의 농사 과정이 일시에 한꺼번에 이뤄지는 단작 벼농사 특성상 기계화는 가파르게 진행됐다.

1980년 종합 개발, 즉 본격 경지 정리 이후 농기계를 들여오기

대성동은 가구당 농경지가 넓어 기계화가 앞당겨졌다.

시작해 급속하게 확대되고 그 성능도 좋아졌다. 현재 대성동의 논농사 관련된 일들은 거의 다 기계화되었다. 논두렁에 난 잡초 제거 외에는 사람의 손이 일체 필요 없다. 주민들은 대성동 마을이 대한민국에서 기계화가 가장 잘된 곳일 거라고 했다. 농기계는 트랙터, 이앙기, 콤바인 3가지가 기본이다. 동기간끼리 소유를 달리해 공용으로 쓰는 일부 '소농'을 제외하고 대부분의 가구는 이 3가지를 모두 갖췄다. 이 외에 승용 관리기를 많이 사용하는데, 이 기계는 비료를 주거나 농약을 치는 용도다. 넓은 범위에 농약을 뿌리는 광역 방제기는 작목반 단위로 소유하고 사용한다.

농기계는 구입과 유지 비용이 만만치 않다. 일단 정부 지원금이 없다. 모두 개인 부담인데, 내구연한이 있는 데다 성능이 개선된 기계가 속속 등장해 개인의 형편과 필요에 따라 개별적으로 구입한다.

"기계마다 다르긴 하지만 1년 거치 5~7년의 농협 융자를 받아서 구입해요. 관리를 잘하면 10년 정도 쓰지만 대개 할부 기간이 끝나면 수리 비용이 많이 들어가요. 외부에 나가서 수리해야 하고 부속품 등 수리비가 부르는 게 값이죠. 농기계 비용이 많이 들어 소출에 비해 이익이 적어요."

김용성 씨는 구체적인 수치를 말해주지는 않았다.

안전한 먹을거리에 대한 관심이 높아지면서 친환경 농법을 채용하는 농가가 늘고 있다. 농약과 화학 비료를 쓰지 않고 친환경 약제와 유기질 비료를 쓰는 것이다. 10여 년 전 처음 도입해 최근 들어 여러 농가에서 시도하고 있다. 2020년 들어 친환경 작목반도 구성됐다. 제초제를 쓰지 않는 게 특징이다. 모내기 10일쯤 뒤에 300평당 우렁이 새끼 5~7킬로그램을 사다 뿌린다. 5킬로그램까지는 지원을 받고 그 이상 뿌리려면 자부담이다. 우렁이가 자라면서 잡초를 먹어치워 제초제를 쓰지 않아도 된다. 우렁이는 수확이 끝나면 대개 죽어서 거름이 된다. 남쪽 지방에서는 더러 동면을 한다지만 겨울이 추운 대성동은 겨울을 나기 힘들어 환경을 교란하는 일은 없다고 한다. 친환경 쌀은 기존 농법으로 재배한 것보다 값을 더 받지만 그만큼 비용이 더 든다. 친환경 약제값이 비싸고 효과가 덜해 소출이 상대적으로 적다는 것. 경우에 따라 벼에서 잔류 농약이 검출돼 친환경 인증을 못 받는 해도 있단다.

수확한 벼는 수매를 통해 정부와 농협에 판다. 가격이 상대적으로 후한 정부 수매는 수확량의 20퍼센트 정도. 마을 전체 수량이

1장 대성동, 누구의 땅도 아닌

할당되면 이를 보유 농지 비율에 맞춰 가구별로 나눈다. 마을 영농지를 모두 파악하고 있는 이장이 그 역할을 한다. 건조기를 거쳐 기준에 맞춰 수분을 제거한 벼는 마을에 들어온 직원이 벼의 상태를 확인하여 등급을 매기고 값을 쳐준다. 수매가 끝나면 마을 공동 창고에 보관했다가 필요에 따라 내어준다. 주민의 몫은 화물차에 실어주는 것까지이다. 창고 보관비와 상차비는 정부로부터 별도로 받는다. 정부 수매 외 물량은 농협에 팔고 개인 판매용과 자급용으로 적당량을 남긴다. 남긴 벼는 문산 등지에 있는 정미소에 수탁 판매한다. 그곳에서 그때그때 도정 후 비용을 제한 뒤 당일 시세로 쌀값을 쳐준다. 개별적으로 마을 정미소 2곳에서 도정해 소비자한테 직

대성동 가구는 '1주택+1창고' 세트로 돼 있으며 마을 공동 창고를 별도로 두고 있다.

접 팔기도 하는데 시세가 제일 좋다.

## 주민들의 고민

젊은 축에 속하는 김용성 씨는 '맑은쌀 지킴이'라는 작목반 일원이다. 또래 4명이 만들어 운영한다. 주로 농기계를 공동 구매하여 공동 방제를 한다. 연로하여 농사를 지을 수 없는 분들을 대신해 농사를 지어주고 수확물을 나누는 위탁 영농도 한다. 애초 같은 마을의 친구가 사망하면서 그의 몫을 대신하던 것이 수익 사업으로 확대되었다. 도지는 외부보다 저렴해 7 대 3 정도. 서로 섭섭지 않을 정도로 조정한 결과 300평에 쌀 한가마니 정도로 결정된다고 전한다. 위탁 농사는 대상자가 적어 활발하지 않은 편이다. 그의 아내는 중고교에 다니는 자녀들과 함께 경기도 일산에 거주하고 자신은 봄가을 농사철 이외에는 수시로 왕래한다고 했다.

　　주민들은 몇 가지 고민이 있다. 농사철에 외국인 노동자를 쓰고 싶은데 승인이 나지 않는 것이다. 민통선 마을인 통일촌처럼 대성동에서도 허용됐으면 하는 바람이다. 또 하나, 아이들이 농사를 이어서 지을지 모르겠다는 것. 아직 대성동은 다른 농촌에 비해 평균 연령이 낮은 편이지만 고령화 추세는 여기라고 피해가지 않는다.

　　"기반이 다져져 애들이 농사짓는다면 괜찮을 거예요. 문제는 그때까지 여기서 농사를 지을 수 있을지 모르겠지만…." 김용성 씨는 뜻밖의 고민을 털어놓았다. "애초 이곳 사람들이 딱히 먹고살 게 없으니 농지 개간을 다 허용했어요. 정부에서 도와주기도 했지만 주민들이 돈을 들이고 피땀 흘려 일군 거죠. 근데 땅문서가 없어요.

만일 개방되어 원주인이 나타나 소유권을 주장하면 막막하죠. 통일촌의 경우 실향민과 퇴역 군인한테 정부에서 땅을 분할해 줬어요. 그런데도 땅문서를 소유한 원주인이 나타나 재판을 걸어 모두 뺏겼어요. 우리도 비슷하지 않을까 싶어요. 배운 게 도둑질이라고 농사밖에 모르는데 어디에 가서 뭘 먹고 사나 걱정이에요. 몇 해 전부터 이장과 함께 경기도나 정부 부처를 찾아다니고 있는데, 관심을 보이기는 해도 정작 해결은 안 돼요. 정부에서 땅을 수용해서 거주자한테 나눠주는 게 최선책이고요. 경작권만이라도 인정됐으면 좋겠어요."

DMZ라서 곡창이 된 대성동이 DMZ인 탓에 존폐 위기에 놓인 것이다. DMZ가 열쇠인 동시에 족쇄인 셈이다.

# 열쇠이자 족쇄인 DMZ

추수가 끝난 대성동 들판은 땅으로 돌아간다. 누런 벼가 베어진 논과 콩 타작이 끝난 밭이 그루터기만 남긴 채 짙은 흑갈색의 본색을 드러내는 것이다. 봄여름이 논밭으로 존재하는 시간이라면 가을과 겨울은 땅으로 존재하는 시간이다. 농작물을 심고 길러 추수하는 동안 시선을 차단당했던 땅이 태초부터 있어온 벌판으로 돌아가 인간에게 그 존재를 환기한다.

## 평화 지대화의 역설

부녀회장 조영숙 씨 부부는 2만 평을 경작하는 농부다. 주로 콩을 재배한다. 1979년 23살에 당시 28살 노총각인 현재의 남편과 결혼해 40년 이상 농사를 지어왔다. 만삭일 때도 논에서 김을 매고, 남편이 아플 때는 이앙기를 몰고 모내기를 했다. 애초 대농이었는데 남편 형제들이 분가하면서 2만 평 내외로 경작지가 줄어 소농이 됐다. 다른 대농처럼 이앙기, 트랙터, 콤바인 등 농기계 일체를 갖추고 농사를 짓지 못하지만, 형제끼리 기계를 하나씩 장만해 돌려쓰면서 문제없이 농사일을 꾸려왔다.

2018년 4·27 판문점 선언 이후 걱정거리가 하나 생겼다. 새로 생겼다기보다 오래전부터 있어온 게 어깨를 더 짓누른다는 편이 옳다. 바로 땅 문제다.

문재인-김정은 남북 정상회담 결과 발표된 판문점 선언에서 조씨한테 충격을 준 것은 두 번째 테마 "남과 북은 군사적 긴장 완화와 전쟁 위협 해소를 위해 공동 노력" 중 첫 번째 조항이다. '상대방에 대한 모든 적대 행위 전면 중단, 비무장지대의 평화 지대화.' 1990년대 초만 해도 분계선 근처 논으로 일을 나가면 인민군이 말을 걸어오고, 몇 해 전까지 왕왕거리는 확성기 대남 방송을 들어야 했던 터다. 지금도 400미터 저쪽 인공기가 휘날리며 대성동이 분계선 마을임을 환기하는데 비무장지대의 평화 지대화라면 쌍수로 반길 일 아닌가. 그런데 충격이라니 무슨 일인가? 그는 판문점으로부터의 희소식보다 민통선 밖에서 들려올 땅주인의 소식이 두렵다.

"땅문서를 가진 사람이 전화를 해와요. 자기네 땅인데 맘대로 농사를 지어먹느냐면서. 우리한테는 아직 연락이 없는데, 이 동네 몇몇 집이 그런 전화에 시달리고 있어요. 솔직하니 그냥 예전처럼 지냈으면 좋겠어요."

비무장지대가 평화 지대로 바뀌어 대성동이 외부로 열리면 땅주인이 소유권을 행사할 테고, 대성동 주민 상당수가 쫓겨날 거라는 불길한 예상이다. 현재 주민들이 토지에 대한 소유권 없이 경작권만으로 농사를 짓고 있는 데에 따른 것이다. 한국전쟁으로 토지 문서가 없어지고 지주가 있었더라도 북쪽 개성에 머무는 터라 농사를 짓는 데 지장이 없었다. 게다가 대성동 지역을 관할하는 유엔사에서 "대성동 내의 시설물, 농지 등 영농권 또는 재산권을 타인에게 양도하려 하는 경우에는 반드시 유엔군 사령관의 사전 승인을 받아야 한다."고 규정하는데, 재산권의 출처에 관해서는 모르쇠다.

## 땅문서를 가진 사람들

조씨는 땅주인을 두고 "땅문서를 가진 사람"이라고 했다. 땅문서를 가진 사람이 땅주인일 텐데 구태여 그런 말을 쓰는 까닭은 무엇일까. "수복 지역 소유자 미복구 토지의 복구 등록과 보전 등기 등에 관한 특별조치법"(1982년 12월 31일 법률 3627호)에 따라 땅문서를 획득하여 땅주인이 된 사람이 생겨났기 때문이다.

이 법은 수복 지역 안에 위치한 땅 가운데 토지 소유권 등기가 없거나, 있더라도 실소유주와 다른 경우 실소유주가 간편한 절차를 거쳐 토지 등기를 할 수 있도록 하는 게 목적이다. 여기서 '수복 지역'은 북위38도 이북의 수복 지구와 경기도 파주군 장단면, 군내면, 진서면 및 진동면 지역을 말한다. '소유자 미복구 토지'란 1953년 7월 27일 이전에 지적 공부가 전부 또는 일부 분·소실된 이래 토지 대장 또는 임야 대장에 토지 표시에 관한 사항은 복구되었으나 소유권에 관한 사항은 복구되지 아니한 토지를 말한다. 소유자 복구 등록을 하려면 소유자 미복구 토지의 소유자는 소유권자임을 증빙하는 서면을 갖추어 관할 소관청에 소유자 복구 등록 신청을 하거나, 소유권자임을 증빙하는 서류를 갖출 수 없는 때에는 3인 이상의 보증인의 보증서를 첨부하여 제출하여야 한다.

전쟁 중에 토지 문서가 대부분 분·소실되어 소유권을 증빙할 서류가 없는 터, 3인 이상의 보증인 보증서가 유효한 수단이 되었다. 보증인이 될 수 있는 자는 토지 소재지 리, 동에 주민이 상주하는 경우에는 1945년 8월 15일~1953년 7월 27일 당해 리, 동에 계속 거주하고 있는 자, 토지 소재지 리, 동에 주민이 상시 거주하지 아니하는 경우에는 1945년 8월 15일~1953년 7월 27일 당해 리, 동에 적어도 1년 이상 성년자로 거주하고 최근 5년간 그 리, 동, 또는 인근 리, 동에 계속 거주하는 자다.

그러니까 해당 토지가 있는 마을에 거주했던 3명을 찾아내 "그 땅은 ○○○의 소유다."라는 진술서를 받아 제출하면 땅주인이 될 수 있도록 한 법이다. 진짜 그 땅의 주인이라면 소유권을 간소하게 회복할 수 있는 좋은 법이지만, 땅주인이 아니어도 땅에 대한 욕심과 보증인을 내세울 수 있는 사람이면 땅문서를 쥘 수 있는 물렁한 법이다. 제출된 서류를 심사하는 사람들은 공무원이나 유지들이어서 마음만 먹으면 그들을 구워삶아 자기편으로 삼기란 여반장이었을 테다.

이 법은 1988년 말까지 6년간 시행돼 소유자 미복구 토지 대부분에 주인이 생겼다. 분명히 선의로 만든 법일 테지만 물렁한 조항으로 인해 토지 브로커들이 활개치는 결과를 낳았다. 소유자가 나타나지 않은 토지를 물색하여 그 토지가 소재한 지역의 주민을 끌어들여 허위의 보증서를 발급받도록 하여 토지에 관한 소유권 등기를 하는 사례가 나타난 것이다. 한겨레신문(1993년 3월 17일치) 기사에 그런 사례가 나온다.

민통선 이북 지역의 미등록 토지 임야 160여만 평을 불법으로 가로채려던 30명이 적발됐다. 검찰은 강원도 고성군 현내면 송현, 검장, 명호리 소재 임야 10필지 21만 1,188평에 대해 가짜 보증서를 작성하는 수법으로 토지 소유자 복구 등록을 한 김 아무개(69) 등 11명을 이 법 위반 혐의로 구속하고 이 아무개(77) 등 19명을 같은 혐의로 불구속 입건했다. 이들은 3명의 보증인만 있으면 소유자 복구 등록을 할 수 있는 법의 허점을 이용해 현내면 일대 국유림 32필지 68만 5천여 평과 다른 사람 소유의 임야 36필지 90만 9천 평 등 모두 159만 4천여 평의 임야를 가로채려 한 혐의다.

이 땅은 문제가 된 현내면 5개 마을 전체 임야의 43.8퍼센트에 이른다고 한다. 이처럼 꼬리가 잡혀 잘못이 바로잡힌 경우는 소수에 불과하다. 대법원 판례는 기득권을 인정하는 쪽이다(대법원 판례, 2006다30921).

각종 특별조치법에 따라 마쳐진 소유권 보존 등기나 이전 등기는 실체적 권리관계에 부합하는 등기로 추정되고, 특별조치법 소정의 보증서나 확인서가 허위 또는 위조된 것이라거나 그 밖의 사유로 적법하게 등기된 것이 아니라는 입증이 없는 한, 특별조치법

1장 대성동, 누구의 땅도 아닌

추수가 끝난 들판에 기러기들이 줄지어 있다.

대성동에는 멧돼지들의 출현이 잦다. ⓒ 김동구

**대성동의 황혼 무렵.** ⓒ 김동구

에 의하여 마친 소유권 보존 등기나 이전 등기의 추정력은 깨어
지지 않는다.

현상 유지를 위해 불가피한 결정이긴 하나, 진짜 땅주인이라 할지
라도 가짜 땅주인의 토지 획득이 허위 또는 위조임을 밝혀내야 사
실을 바로잡을 기회가 주어지는 셈이다.

### 토지 분쟁의 소용돌이

대성동 주민들에게 같은 군내면에 위치한 통일촌의 사례가 남의 일
이 아니다. 통일촌은 1973년 8월 박정희 정권시절 7·4 남북공동성
명이 발표된 뒤 조성됐다. 퇴역군인 40세대, 실향민 40세대가 정부
로부터 1세대당 전답 9천 평을 무상으로 분양받아 농사를 지었다.
그런데 "수복 지역 소유자 미복구 토지의 복구 등록과 보전 등기 등
에 관한 특별조치법"에 따라 원래의 땅주인이 토지 등기를 하고 이
주민을 상대로 소송에 나섰다. 그 결과 이주민이 패소해 10년 이상
지뢰 피해를 당해가며 일군 땅을 내놓을 수밖에 없었다. 정부가 융
자금을 지원해 이주민이 땅을 매입하는 것으로 정리됐다.

대성동 땅 역시 특별조치법에 따라 진짜든 가짜든 땅주인이
존재한다. 일반인들은 DMZ 출입이 제한되는 탓에 땅주인들이 토
지 소유권을 행사하여 대성동 농지를 점유할 수 없지만 토지 거래
는 가능하다. DMZ 땅을 전문으로 하는 부동산업자들은 "통일되면
금싸라기 땅이 될 터이니 싼값에 땅을 소유할 기회다."라면서 평당
5만 원 안팎으로 이들 땅을 중개하는 실정이다.

"그냥 두었다면 쓸모없는 황무지였을 땅을 일궈 논밭으로 바꾸어 60여 년 동안 농사를 지어왔는데, 비무장지대가 개방되면 하루 아침에 쫓겨나게 될지 모르는 상황입니다."

조씨 부부를 비롯한 주민들은 정부에서 일괄 매수하여 불하해줄 것을 바란다. 차선책으로 주민들의 경작권만이라도 인정해 달라고 말한다. 현재 이장을 중심으로 관계 기관에 진정서를 넣고 있지만, 정부에서는 중요한 문제임을 알겠다고 하면서도 뾰족한 해결책을 내놓지 않고 있다. 정부가 이처럼 계속 뒷짐을 진다면 남북의 정치적인 분쟁이 해결되는 순간 대성동 마을은 토지 분쟁의 소용돌이에 휩싸일 전망이다.

최근 문화재청에서 DMZ의 유네스코 문화유산 지정을 위한 사전 조사 활동을 펴고 있다. 주민들은 문화유산 지정이 대성동 토지 문제 해결을 위한 실마리가 될지 모른다는 기대감을 갖는다.

1장 대성동, 누구의 땅도 아닌

액셀러레이터를 꾹 밟으면 JSA경비대대 민정중대 앞 주차장,
곧바로 대성동 땅이다. 민통선에서 이곳에 이르기까지 중간에 차를 세우거나
내릴 수 없기에 불쑥 들어선 느낌이다.

# 대성동 가는 길

대성동 마을에 닿으려면 임진강을 건너 북상해야 한다. 임진강은 휴전선과 가장 가까운 천연 장벽이자 민통선이라는 정치적, 군사적 장벽과 겹친다. 임진강에 걸친 다리 가운데 가장 왼쪽에 놓인 통일 대교가 대성동 관문이다.

**통일대교를 건너다**

다리 남단에 대한민국 국군 검문소가 있다. 신분증, 즉 대한민국 국민이면 주민등록증, 외국인이면 여권을 제시해야 한다. 다음으로 사전에 제출한 방문 신청서가 유엔사에 의해 승인됐는지가 확인돼야 한다. 검문소에 통보된 방문자 명단과 신분증이 일치하면 '금단의 땅'으로 가는 문이 열린다. 코로나 바이러스 소독약 분무 세례를 받고 검정·노랑 페인트가 번갈아 도색된 철제 바리케이드 사이를 지그재그로 통과하면 휑뎅그렁한 아스팔트 6차선이 펼쳐진다. 강 남쪽에서 꼬리를 물고 달리던 차들이 간데없다. 왼쪽으로 멀리 경의선 철교가 보이면 지금 건너는 다리가 임진강에 걸쳐 있음을 비로소 안다. 행여 다리 중간에서 경치를 완상할 생각은 하지 않는 게 좋다. 차를 세우면 군인들이 득달같이 쫓아온다.

다리 이북은 민간인 통제 구역이다. 군사 시설 및 기지가 산재해 원칙적으로 민간인 출입을 금하는 곳이다. 출입이 허용되었어도 차량 외 도보, 자전거, 오토바이로 이동할 수 없으며 지정된 장소 외에는 하차할 수 없다. 사방이 산과 들이지만 바닷길을 거쳐 섬으로 가는 것과 동일하다.

다리 건너 왼쪽으로 통일촌이 자리 잡고 있다. 1972년에 제대 군인과 실향민들을 정착시켜 만든 마을이다. (여유가 있으면 잠깐 들러 장단콩 요리를 전문으로 하는 음식점을 들러도 좋다.) 조금 더 북행하면 6차선은 왼쪽으로 꺾여 경의선 도라산역, 즉 남북 출입 사무소로 간다. 판문점·대성동으로 가는 길은 점멸 신호등을 직진하며 좁아드는 2차선이다. 길 주변은 인공의 손길이 최소한으로 미치고 그 너머는 자연 그대로다. 경기 북부 난개발 지대를 거쳐 오며 기억된 풍경과 무척 대비된다.

### 유엔군의 검문

그 길 끝에 이국적인 알파벳 아치가 보인다. 길가 기둥에 하늘색 유엔 깃발이 축제처럼 나부낀다. 좌우로 JSA경비대대 주둔지, 캠프 리버티벨과 캠프 보니파스다. 후자는 북이 일으킨 도끼만행사건으로

DMZ 출입시 차량에 붙이는 깃발과 팔에 하는 완장.

희생된 보니파스 대위를 기려 이름 붙였다. 또 한 차례 통과 의례를
거쳐야 한다. 통일대교 검문소에서 확인한 인적 사항을 재확인하
고 출입증과 하늘색 깃발을 받는다. 출입증은 목에 걸고 깃발은 차
량 외부에서 펄럭여 식별 가능하도록 창문에 매단다. 절차를 마치면
JSA경비대대의 선탑차가 앞서고 굳게 닫힌 남방한계선 통문이 열
린다. 비무장지대DMZ다. 철책과 민둥길 초소들이 터럭을 곤두세운
다. 목적지인 대성동에 이르기까지 도중에 멈추거나 내릴 수 없으
며 규정 속도를 지켜야 한다. 초소가 보이는 삼거리. 직진하면 판문
점, 왼쪽으로 꺾으면 대성동이다.

　대성동은 여느 마을처럼 들머리에 표지가 있다. 잘생긴 바윗돌
에 마을 이름을 새기는 대신 길 양편으로 세운 쇠기둥 위에 긴 사다
리꼴 표지판을 얹었다. 하늘색 바탕에 흰색 글자의 마을 이름을 볼
록하게 붙였다. 한글 표기 '대성동 자유의 마을'은 큰 글자, 그 아래
영자 표기 'TAE SUNG FREEDOM VILLAGE'는 한글의 4분의1
크기다. 마을 이름 첫머리에 태극기, 끄트머리에는 JSA경비대대 엠
블럼이 붙어 있다.

❶ 통일대교.

❷ 통일대교 위에서 바라본 임진강. 멀리 자유의 다리와 운행중인 파주 DMZ곤돌라가 보인다.

❸ 대성동 가는 길.

❹ 통일대교를 건너면 왼쪽에 1970년대에 조성된 통일촌 마을이 보인다.

❺ 민통선 안쪽에서 농사짓는 농민들이 많기에 도로 위에서는 트랙터를 자주 볼 수 있다.

❻ JSA경비대대 입간판.

❼ 대성동 진입로 입간판. ⓒ 김동구

❽ 대성동 표지.

표지판에서 마을까지는 2차선 아스팔트 포장 고갯길이다. 가로수는 이팝나무다. 2020년 여름 시름시름한 벚나무를 뽑아내고 심었다. 길 오른쪽 또 다른 소형 마을 표지판을 지나면 고갯마루. 내리막길 왼쪽으로 마을 정미소가 보이고 길이 푹 내려앉으며 오른쪽으로 큰 건물이 보인다. 대성동초등학교다. 왼쪽으로 90도를 틀어 액셀러레이터를 꾹 밟으면 JSA경비대대 민정중대 앞 주차장, 곧바로 대성동 땅이다. 민통선에서 이곳에 이르기까지 중간에 차를 세우거나 내릴 수 없기에 불쑥 들어선 느낌이다. 오감에 즉각 와닿는 건 즐비한 군용 차량과 군용 모포 터는 소리다. 위장 무늬 차들이야 군사 지역이니 그렇다 치고, 대낮에 웬 모포 터는 소리일까? 소리의 출처를 찾아 민정중대 건물을 훑고 시선을 올리면 아하! 게양대 꼭대기에서 펄럭이는 태극기다. 대한민국에서 가장 높이 걸리고 크기도 가장 크다는 그 깃발에서 나는 소리다. 모포 터는 소리라 한 것은 딱히 표현할 길이 없어서인데, 하늘이 헝겊으로 되었다면 우주의 바람에 일부가 뜯겨나간 소리가 이 소리일 게다.

황망해진 청각은 시각의 둔화로 이어진다. 눈앞에 보이는 창고들이 도무지 규모를 가늠할 수 없다. 넓은 들녘 위로 하늘이 거칠 것 없는 터에 엇비슷한 덩어리감의 건물이 모여 있으니 그럴 거다. 문득 돌아보니 주차장의 차들이 장난감처럼 보인다.

## 마을의 유일한 2층 건물

따라붙은 한국군 병사와 더불어 93번 마을버스 종점 승강장을 오른쪽에 끼고 돌아 한 블록을 내려가면 경로당과 마을회관이다. 익숙

마을 뒤에서 바라본 깃대.
대성동 마을에서는 어디에서도 깃대가 보여 길 잃을 염려가 없다.
2020년 5월 26일 대성동을 방문했던 날 마침 태극기를 교체했다.
깃발이 낡아지면 부정기적으로 갈아낀다.

1973년의 태극기 게양 모습.
수십 년이 흘렀지만 풍경은 비슷하다.

한 쓰임새의 건물과 마주치며 비로소 둔화한 시각을 회복한다. 경로당 현관문은 잠겨 있었고 코로나가 대거 발생함에 따라 외부인의 출입을 금한다는 안내문이 붙어 있다. 코로나가 마을을 자폐적으로 바꾸고 있다.

마을회관은 마을에서 유일한 2층 철근 콘크리트 슬라브 건물이다. 1997~1998년에 짓고 2012년에 리모델링했다는 명패가 보인다. 시공사 외에 당시 마을 이장의 이름이 새겨져 있다. 현관에 나이스엔지니어링과 해양경찰청과 1사1촌 자매결연을 맺었다는 표지가 있다. "119 화재 없는 마을" 표지로 보아 오랫동안 마을에 화재가 없었음을 알겠다. 건물엔 마을 식당, 회의실 외에 KT기가사랑방, 롯데시네마 영화관이 들어서 있다.

마을회관 영화관은 휴업중이다. 롯데시네마에서 개설해 한 달에 2차례 무료상영을 했다. 문제가 생겼다. 관객의 익명성이 보장된 여느 영화관과 달리 이곳 관객은 일가친척이거나 모두들 빤히 아는 처지라 다소 선정적 장면에서 옆자리를 의식해 불편해했다는 것이다. 김동구 이장의 경험담이다.

"영화관 첫 개봉작이 〈건축학개론〉이었어요. 반응이 괜찮았고 기대를 갖고 그 다음 영화를 상영했죠. 그런데 야한 장면이 포함돼 있어 뒷말이 많았어요. 반응은 좋은데 정서가 안 맞아 욕을 먹었죠. 성별이나 나이별로 관람시킬 수도 없고. 게다가 한 달에 2편씩 무료 상영했는데 한 달이 어찌나 빨리 돌아오는지 다른 일을 못할 지경이었어요."

ㄱ자로 접한 마을회관과 경로당은 마당을 끼고 있다. 마당은

마을회관 외관.

마을 식당(왼쪽), 롯데시네마 영화관.

각종 명패.

마을회관 앞마당.

마을회관의 마을 사랑방에 있는 대형 모니터. 마을에서 일어난 일을 한눈에 알 수 있다.

분계선 북쪽으로부터 시야가 차단돼 있다. 그 이점을 살려 2012년 6월 20평가량의 지하 대피소를 팠다. 주민들이 후방으로 소개되기까지 머물 수 있도록 화장실과 간단한 취사를 할 수 있는 개수대를 놓고 응급 약품과 방독면을 갖췄다. 2010년 연평도 포격사건 이후 북으로부터 실체적인 위협이 미칠 가능성에 대비한 조처다. 그 이전에는 대피 시설이 없었다는 얘기다.

기가사랑방은 이장 집무실 겸 외부인 오리엔테이션 장소로 간단히 차를 마시며 마을 소개를 들을 수 있다. KT에서 마련해 줬다는 대형 벽걸이 모니터에는 망원렌즈로 당겨 잡은 마을 모습이 비친다. 북한 기정동 마을이다.

마을회관 옥상에 놓여있는 망원경.

# 태극기 휘날리며

마을회관 옥상에 오르면 시야가 트이며 대성동이 DMZ 마을임을 안다. 마을 앞 너른 들판 너머 좌우로 긴 띠 수풀이 보이고, 그 너머 또 다른 들판과 마을이 시야에 들어온다. 들일하는 농부들, 자전거 탄 사람들, 열 지어 걷는 병사들. 대성동 자유의 마을의 북측 파트너에 해당하는 기정동 평화의 마을이다. 북쪽에서 대성동을 바라보면 거울을 들여다본 듯 비슷하게 보일 터이다. 차를 마시며 조금 풀렸던 긴장감이 다시 죄어온다.

### 철조망 없는 군사분계선

"저기 팔각정 근처에 띠 모양의 수풀이 보이죠? 그게 군사분계선이에요. 철조망은 없고요. 정전협정 당시 세운 표지판도 대부분 삭아 없어졌어요."

군사분계선 표지판 남면. ⓒ 김동구

　　군사분계선에 철조망이 없다? 남북이 '철의 장막'으로 갈라졌다고 세뇌된 보통 사람한테 김동구 이장의 설명은 생경하다. 군사분계선 표지판은 임진강 하구에서 강원도 고성군 명호리 해안까지 238킬로미터에 걸쳐 1,292개가 세워졌다.\*

　　남과 북이 구간을 나눠 주기적으로 보수하기로 하였으나

---

\*　'155마일 휴전선'이라고 알려져 있으나 실제로는 155마일(250킬로미터)보다 7마일(약 12킬로미터) 정도 짧은 148마일(238킬로미터)이다. DMZ 면적은 903.8제곱킬로미터로 어의도의 311배에 해당한다. DMZ 표지판으로 6×6×100인치(15×15×254센티미터) 말뚝을 28인치(71센티미터) 깊이로 박고 39×20인치(99×50센티미터) 장방형 패널을 달았다. 재질은 석면시멘트판 또는 철판, 황색 바탕에 까만 글씨다. 남면엔 '군사분계선MILITARY DEMARCATION LINE', 북면에는 '군사분계선軍事分界線'으로 표기하고 그 아래 표지판 일련번호를 붙였다. 서쪽 끝이 0001번, 동쪽 끝이 1,292번이다. 대성동 구간은 59에서 128번까지. 표지판 사이의 평균 이격 거리는 184.2미터. 직선 구간은 길고, 곡선 구간은 짧다.

1969년 남측 보수 작업 팀에 대한 인민군의 공격 사건이 일어난 뒤 중단됐다. 현재 남은 것은 몇 개 되지 않는다고 한다. 하지만 양쪽 군인들이 수십 년에 걸쳐 관측과 순찰을 해온 탓에 서로들 분계선의 위치를 잘 안다. 직선 구간의 경우 그 경계를 두고 남북 간 이견이 없는데, 곡선 구간, 특히 급격하게 구부러진 구간은 상호 월경 시비가 일어나기도 한다. 표지 간 급격한 곡선이 끼어들면 육안으로 정확한 경계를 알 수 없다는 것이다. 실제로 1997년 가을 대성동 주민 홍 아무개 씨(1935년생)가 판문점 근처에 도토리를 주우러 갔다가 북측 병사한테 붙들려 개성까지 끌려갔다가 사흘 만에 풀려난 사례가 있다.

마을 들판을 가로질러 군사분계선 가까이 가면 마을회관에서 바라보이던 띠숲에 이른다. 장마철 대성동 논을 보호하기 위해 쌓은 사천 제방이다. 쌓은 지 40년이 넘으며 발길이 끊긴 제방 너머에는 잡목이 우거졌다. 제방에 잇닿은 동그란 산. 한국전쟁 말기 중공군이 한때 진지를 틀었다는 곳이다. 습지 한가운데 덩그러니 남은 작은 언덕인데, 그 위치로 보아 교두보, 또는 전방 초소로 안성맞춤이다. 옛 토성 흔적이 있으며 토기와 기와 조각이 발견된 것으로 미루어 오래전부터 활용됐음을 알 수 있다. 한가운데 콘크리트 2층 팔각정이 있다. 팔각정에 오르면 북한 마을이 잘 보인다. 시계 확보를 위해 주기적으로 잡목을 제거한다.

## 남북의 키재기 경쟁

"기정동 인공기 게양대가 오른쪽으로 조금 기울어져 있죠? 언젠가 마을회관에서 바라본 팔각정과 기정동. 팔각정 주변의 띠숲이 군사분계선 역할에 해당한다.
띠숲 너머는 대성동과 함께 생긴 북한의 기정동 마을이다.

**대성동의 겨울 풍경. 마을 초입. ⓒ 김동구**

대성동의 겨울 풍경. 팔각정 뒤로 개성 송악산이 보인다. ⓒ 김동구

큰 태풍이 분 뒤부터 그래요. 높이가 165미터나 되니 강풍에 견디기 힘들었고, 바로잡기도 어려운 모양입니다."

민정중대 사무실 옆 국기 게양대 높이가 99.8미터이니 우리 쪽보다 65미터나 높다. 남북 간 키재기 경쟁의 산물인데, 지금은 여기도 휴전이다.

키높이 경쟁의 시말은 이렇다. 1964년께 대성동 마을 공회당 언덕 위에 48미터 높이의 철탑을 세우고 태극기를 달았다. 이에 북측에서는 80미터 철탑을 세움으로써 남쪽으로 하여금 인공기를 우러르게 만들었다. 남쪽에서는 1980년 대성동 종합 개발 사업 당시 현재 위치로 옮겨 85미터로 높였다. 평일에는 12×8미터, 경축일에는 18×12미터 크기의 태극기를 달도록 했다. 문제는 태극기가 바람이 불지 않으면 축 늘어진다는 것을 감안하지 않은 것. 그 때문에 철탑 사이에 태극기가 끼어 올라가지도 내려오지도 않아 무척 애를 먹었단다. 결국 철탑 상단 깃대봉을 더 늘여야 했고 그 결과 철탑은 99.8미터로 높아졌다. 북에서는 우리가 설계를 변경한 이유도 모르고, 남한에 질세라 더 높게 다시 세워 지금 높이에 이르렀다.

그런데 왜 하필 99.8미터일까? 같은 값이면 100미터를 맞추면 어땠을까.

"당연히 100미터를 맞춘다고 했죠. 나중에 정확히 재보니 20센티미터가 모자란 99.8미터로 판명난 거죠. 1980년대 높이 측정 기술이 정밀하지 못했던 결과로 추정됩니다."

김동구 이장의 증언이다. 조선 시대 민가는 100칸을 넘지 못한다는 그럴 듯한 이유를 기대했건만…. 허무 개그를 들은 기분이다.

"기정동 마을에는 사람이 살지 않아요. 눈에 보이는 주택은 뼈대와 벽체만 있을 뿐 창문이 끼워져 있지 않아요. 농사짓는 사람들은 낮에만 보이고요. 저녁이면 빈집에 자동으로 불이 켜지고 새벽이 되면 꺼져요."

대성동 마을 주민들이 DMZ에 거주하며 농사를 짓는 반면 기정동 주민은 출퇴근하며 농사를 짓는 점이 다르다. 다만 기존 선전마을 오른쪽에 새로 조성된 '새마을'에는 사람들이 거처하는 듯하다. 개성공단에서 일하는 북 주민들이 입주해 공단으로 출퇴근하는 것으로 추정된다.

"기정동 마을 뒤편으로 여러 개의 산이 보이죠. 오른쪽부터 차

기정동 마을.

군장산    천덕산

김일성 주체사상연구소

금암골(마을)    북방한계선

북한 협동농장

도라산 전망대 북쪽 풍경. 덕물산, 천덕산이 보인다. (도라산 전망대 홍보 전시물 촬영)

례로 덕물산, 천덕산, 군장산입니다. 덕물산이 무속인의 성지라고 해요. 마을 어르신에 따르면 강점기 때까지 봄가을이면 흰옷 입은 사람들이 산을 오르는 모습이 흰개미 떼처럼 보였다고 해요."

덕물산은 사천 평야 지대를 굽어보며 우뚝 선 산세로 인해 조망이 가장 좋은 곳이다. 고려의 고도 개성과 가까워 오래전부터 최영 장군을 모신 굿당이 있었다고 한다. 최영은 고려의 충신으로 이성계 일당한테 척살당해 민간에서 영험 있는 무속 신으로 추앙받아 왔다. 1931년 음력 3월 26일(양력 5월 13일)부터 사흘간 산허리 무속촌에서 도당굿(중부 지방에서 마을 공동체의 안녕과 태평, 풍요를 목적으로 행하는 굿)이 대대적으로 행해졌다는 기록이 남아 있다. 첫날 전야제에 해당하는 유가, 이튿날 꼭두각시놀이와 도당굿 본제, 사흘날에 마당굿, 불사굿, 난장치기가 행해졌다. 도당굿이 메인에 해당하

지만 굿중패, 사당패 등이 참여해 신성성과 유희성을 아우른 점이
특색이다.

　"공회당 옆에 고목이 있었는데, 봄철에 서울의 큰 무당을 모셔
와 거기서 굿을 했어요. 마을 큰 어른이 돌아가시고 나서 맥이 끊겼
어요. 나무도 고사되어 그 뒤 청년들이 베어버렸지요."

2장 DMZ 첫 마을

# 동네 한 바퀴

다시 마을로 돌아오면 타자화한 마을 전모가 보이기 시작한다. 주민이 거주하는 개인 주택들은 일률적인 놓임과 모양새로 보아 1980년대에 지어진 것임이 분명하다. 그 가운데 예스런 건축물 두 채가 남아 있다. 공회당과 공동 창고가 그것이다. 공회당은 언덕 위에, 공동 창고는 언덕을 등지고 자리 잡았다. 1959년에 지어진 공회당은 30여 년 동안 마을 구심점 구실을 했다. 마을회관과 초등학교 강당이 생긴 뒤 방치되다가 2015년 마을 박물관으로 용도를 바꿔 마을 역사 관련 자료와 물건을 전시하고 있다. 시멘트 블록 벽, 목조 트러스 지붕으로 된 공동 창고는 1973년에 지어졌다. 현재는 붕괴 위험이 있어 철심을 보강해 보조 창고로 쓰인다.

인근에 들어앉은 대성동초등학교. 정원 35명의 미니 학교다. 한옥을 모티브로 한 철근 콘크리트 2층 건물이다. 통상적인 학교와

마을 박물관으로 변모한 공회당.

1973년에 지어진 옛 공동 창고.

크게 다르지 않다. 수업 중 일반인은 출입할 수 없다. 주차장 부근 언덕받이 판문점 교회는 마을 유일의 종교 시설로 일요일마다 외부에서 목사가 와서 주민을 상대로 예배를 집전한다고 한다. 1976년 처음 짓고 2007년 다시 지었다. 학교와 교회 역시 언덕에 의지하고 있다.

그런데 공동 창고, 공회당, 초등학교 한가운데가 밭이다. 여느 마을에서는 집들이 들어섰을 법한 자리라는 생각이 든다면 자기 눈썰미를 믿을 만하다. 그 자리가 바로 옛 마을자리다. 1980년대 새 집으로 이주한 뒤 기존의 집들을 허물고 밭으로 만든 거다. 공회당 언덕에서 내려다보이는 강릉 김씨 묏자리. 김씨 조상 중 현달顯達한 김정주 묘도 포함된 묏자리가 마을 뒤편에 조상의 음덕처럼 자리 잡았던 셈이다.

김정주는 과거 3차 시험 중 2차까지 통과하여 진사로 불렸다. 효성이 지극하여 부친 병구완을 위해 겨울철에 얼음을 깨어 물고기를 잡았다. 집 안에 화재가 났을 때 불 속에서 사당의 위패를 건져내기도 했다. 이를 기려 1771년 조정에서 정려旌閭를 내렸다.

김정주 묘역.

## 벌판에 나앉은 마을

출발점이었던 주차장에 다시 서면 애초 마을의 모습이 왜 낯설었는지 안다. 여느 전통 마을처럼 배산임수가 아니라 벌판에 나앉았기 때문이다. 집들은 옹기종기가 아니라 다듬어진 지표 위에 줄을 맞췄다. 햇볕과 바람이 고이지 않고 흩어지는 모양새다. 분계선 너머 기정동 마을이 이곳에서 잘 보이듯이 대성동 마을 역시 저쪽에서 잘 보이는 곳에 자리 잡았다. 주민 편의보다 상대방의 시선을 위한 배려가 우선이다.

마을 접근로가 마을 앞이나 옆쪽이 아닌 뒤통수로 났다. 느티나무나 벅수장승을 거쳐 마을이 서서히 모습을 드러내는 통례와 사

마을 앞 들판에서 바라본 대성동. 기정동에서 보면 이와 비슷하게 보일 터이다.

못 다르다. 뒷산에서 가르마 타듯 내려앉았으며 마을이 불쑥 나타나는 희한한 구조다. 마을 구조 조정을 하면서 마을은 모름지기 이러해야 한다는 법칙을 무시한 것이다. 무엇보다 접근 출발점이 개성에서 문산으로 바뀐 탓이 크다.

마을은 앞쪽으로 완만하게 기운 땅에 D자 모양으로 앉았다. 격자형 마을 안길로 나뉜 사각 필지에 집들이 들어섰다. D자를 세로로 반을 갈라 왼쪽은 택지, 오른쪽은 마을 공동 시설이 들어선 공용지다.

우선 왼쪽의 택지를 보자. 200평 대지에 주거용 1개동·창고 1개동이 기본 단위다. 격자형 필지에 주택 4채(2×2) 또는 6채(2×3)가 들어서 블록이 된다. 모두 9개 블록인데, 마을을 관통하는 도로 양편으로 2개열을 이룬다. D자의 오른쪽 반에는 마을회관, 공동 창고, 마을 박물관(공회당), 초등학교, 판문점 교회, 민정중대 그리고 개인 주택 몇 채가 있다. 언뜻 봐도 인공적으로 조성된 마을이다.

D자 모양 마을 조감도. (마을 박물관 전시물 촬영)

2장 DMZ 첫 마을

주택 총 52채 중 11채가 남향이고 나머지 41채는 서향, 즉 군사분계선 방향이다. 슬라브 지붕 5채를 빼면 모두가 맞배, 팔작, 우진각 지붕으로 대부분 단층이다. 남향 또는 슬라브형의 이질적 주택은 1983년 또는 최근에 지은 15채뿐이다. 그 외에는 모두 1980년 대성동 종합 개발 사업의 일환으로 한꺼번에 지었다. 2015년 가구당 4,800만 원(정부지원 4,000만 원, 개인부담 800만 원)을 들여 단열 공사 위주로 리모델링을 했을 뿐 지은 때의 방향과 외형을 유지하고 있다.

개인 주택은 함부로 들어갈 수 없지만 집주인한테 정중히 부탁하면 잠시 내부를 일별할 수 있다. 도면에 표시된 출입구를 그대로 쓰는 집은 거의 없다. 아예 막아버리고 부엌 쪽인 남쪽으로 새로 문을 내어 출입구로 쓰고 있다. 겨울철 서쪽에서 부는 황소바람이 집 안으로 쳐들어오는 것을 막기 위한 것이다. 발코니는 새시 등으로 막아 실내 공간으로 편입하여 거실을 넓혀 쓰고 있다. 거실은 소파와 낮은 장식 탁자, 텔레비전을 놓고 벽에는 가족사진, 달력 등을 걸어 둔 집이 많다.

내부 공간을 살펴보면 특이하다는 생각이 든다. 어떤 집은 2개의 작은 방을 터 큰 방으로 만들고 침대를 놓았다. 작은 방 벽을 터 거실과 합치거나, 보일러 사리를 거실로 흡수해 거실 공간이 흥미롭다. 자녀들이 쓰던 작은 방은 비워둔 게 많다. 마을에 중고등학교가 없어 자녀들은 초등학교를 졸업한 뒤 외지로 나가 중고등학교와 대학을 졸업한 뒤 대성동 바깥에 자리 잡기 때문이다. 부엌은 대개 입식으로 심야 전기 보일러로 난방 방식을 바꾸면서 연탄 또는 기

리모델링한 주택들. 기름 탱크를 갖춘 집도 있다.

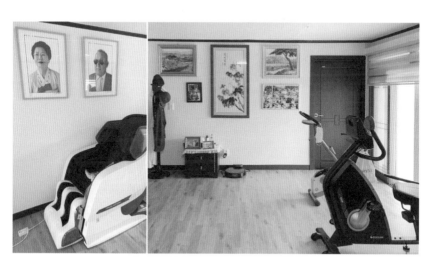

김경래 어르신 댁 내부.

배드민턴 장(위)과 마을 공동 창고(아래). 창고는 자동차, 트랙터, 건조기를 수용할 정도로 크다.

름 보일러를 놓았던 자리에 싱크대와 탁자, 냉장고를 놓았다.

집집마다 대형 창고가 딸렸다. 이앙기, 트랙터, 콤바인, 지게차, 화물 트럭을 보관하고 벼 건조기를 설치했다. 작은 농촌에서는 마을 공동으로 농기계를 운용하고, 개인집에는 경운기 정도를 모는

데 비해 이곳은 집집마다 농기계를 세트로 갖췄다. 호당 경지 면적이 평균 10헥타르에 이르고 벼농사 일색이기 때문이다. 모내기와 추수가 봄가을 일정 기간 안에 집중적으로 이뤄지기에 농기계를 돌려가며 쓸 여유가 없다고 한다.

## 마을에서 안 보이는 것들

마을 안길을 걷다가 문득 집집마다 담이 없음을 안다. 문득이라 함은 행인과 집과의 거리가 벌어진 탓이다. 마을 안길이 비교적 넓어 주택은 저만치 앉아 있는 모양새다. 게다가 커다란 마당 또는 진입로를 지나야 현관에 이를 수 있다. '저만치'는 심리적 거리로 치환되고 이것은 곧 사적인 공간을 둘러싼 숨은 벽이 되는 게다.

민정중대에서 경비를 해주는데 담이 왜 필요하겠는가. 게다가 방문객들은 민간인통제선, 남방한계선 등 2군데서 거르고, 그나마 일과 시간이 지나면 모두 돌아간다. 주민들조차 자정에서 이튿날 오전 5시까지 통행금지다. 제사가 있어 부득이 그 시간에 다녀야 한다면 민정중대에 신고하니 수상한 사람이 틈입할 까닭이 없다. 자세히 살피면 1980년대 블록 단위로 세웠던 시멘트 담장이 군데군데 화석처럼 남아 있다.

자전거가 안 보인다. 탈 일이 없을 법하다. 마을의 집들이 한곳에 밀집해 있고, 마실 다닐 이웃 마을도 없다. 물꼬를 본다든가 김을 맨다든가 농삿일하러 들에 갈 때는 거리나 규모가 여느 마을과 달라 트럭을 몰고 간다. 최전방 지역이라 마을 밖에서는 걸어 다니거나 자전거를 타고 다니는 걸 금한다. 하긴 마을에 이르는 길에서 차량은 일정 속도 이상으로 움직여야 하고, 차량에서 내릴 수도 없다.

길에서 노는 아이들이 없다. 모두 유치원이나 학교에 갔으려니 하지만 실제로 마을에 아이들이 적다. 대성동 역시 여느 농촌과 마찬가지로 고령 사회다. 아이를 낳아 기를 만한 젊은이가 적고, 있다 해도 노총각이 대부분이다. 가임기 여성은 마을에서 배우자를 얻을 수 없어 부득이 외부로 시집간다. 어쩌다 눈에 띄는 어린이용 자전거는 휴일에 들르는 손주들을 위한 것이지 싶다. 대성동초등학교의 한 교사는 대성동 거주 어린이들이 마을길에서 노는 것을 보지 못했다고 말했다. 함께 놀 또래가 적어서일 수도 있고 이곳은 나다니는 데가 아니라는 걸 체득했는지도 모를 일이다. 어른들은 일에 바빠 길에서 어슬렁거릴 여유가 없을 테다.

개가 짖지 않는다. 작은 동네 적은 주민, 웬만하면 모두 알기 때문이다. 길에 다니는 이가 거의 없으니 외지인조차 반가운지 모른다. 스스럼없이 다가와 손길이 닿으면 벌렁 누워 배를 드러낸다. 대개는 매어 기르는데, 풀어놓은 것들은 이집 저집 다니며 밥을 먹는다. 민정중대서도 손님용 먹이통을 두고 있다. 혹시 사람들과 달리 분계선을 넘나들지는 않을까? 개들도 사람을 닮아 그 근처로는 얼씬 않는다고 한다.

마을 외곽과 달리 안길이나 뜨락에 큰 나무가 없다. 대추나무, 사과나무가 몇 그루 눈에 띌 뿐이다. 그나마 심은 지 얼마 되지 않는 어린나무다. 1년생 화초는 많은 편이다. 1980년대 마을이 새로 조성됐으니 그때 나무를 심었다면 수령 40년이 될 법한데…. 습기가 많은 지역이라 해충 방제 차원일까. 아니면 마을을 보호하기 위한 시야 확보 차원일까.

마을엔 식당도 가게도 없다. 긴 시간 머문다면 먹을거리를 갖고 가야 한다. 목이 마르거나 볼일이 급하면 마을회관에서 해결할수 있다. 마을을 둘러보는 데 1시간이면 족하다.

마을의 개들은 순둥이여서 낯선 사람에게도 짖지 않는다.

# 마을의 유일한 학교

대성동초등학교 외양은 여느 초등학교와 다르지 않다. 콘크리트 골조에 벽돌로 벽을 마감한 2층 본관은 콘크리트 슬라브로 처마를 내고 기와를 올렸다. 본관에 잇대어 교장실, 행정실, 도서실 공간을 끼고 1층짜리 병설 유치원이 ㄱ자로 꺾어 붙어 있다. 본관과 유치원이 축구 골대 두 개를 설치한 운동장을 공유하고 그 공간을 철제 담이 두르고 있다.

　대성동초등학교의 담은 당연한 듯한데 대성동 마을 주택에 담이 없는 점을 감안하면 색다르다. 그런데 세콤이나 CCTV가 없다. 아이들이 스쿨버스로 하교하고 나면 교사들은 문을 잠그고 퇴근해 학교는 텅 빈다. 그러니까 담은 외부인의 침입보다 초등생들이 이데올로기 공간으로 나가지 못하도록 하는 구실이 큰 셈이다.

대성동초등학교 전경. 학교에서도 국기 게양대의 큰 태극기가 보인다.

역사적 현장에 있던 아이들

대성동초등학교는 대성동 마을의 유일한 학교다. 아이들 목소리가 새어나오는 유일한 곳이다. 중고등학교가 없는 탓에 아이들은 6학년을 마치면 문산, 파주 등지의 상급학교로 빠져나간다. 군인을 제외하면 노령화한 마을에 풋풋함은 오로지 초등학교, 그것도 일과 시간 중에만 구현된다.

　1층 복도에 대성동초등학교를 소개하는 게시물이 있다. 그 가운데 '미래를 향한 한걸음'에 평창 동계올림픽 성화 봉송과 판문점 정상회담 사진이 들어 있다. 모두 2018년 이곳 어린이들이 참여한 행사이다. 남북이 하나 되는 미래의 어느 시점에서 보면 그날로 수렴되는 과정 중 하나일 터이다. 어른들의 연출 행사이지만 여기 이곳 아이들한테는 미래를 향한 한 걸음이라 하겠다.

2018년 4월 27일 문재인-김정은 판문점회담에서 이곳 아이 두명이 화동이었다. 두 정상은 꽃다발을 받은 뒤 환하게 웃으며 두 아이의 어깨를 잡고 기념사진을 찍었다. 두 아이는 당시 이 학교 5학년생으로 남자아이는 대성동에, 여자아이는 문산에 거주하고 있었다.

윤영희 교장은 "당시 광명의 한 초등학교에 근무하고 있었는데, 아이들이 쟤네는 누군데 저기 있어요? 하면서 부러워하더라."며 "이곳 어린이가 역사적 자리에 함께한 것은 자랑스러운 일이다."라고 말했다. 그 바람에 2019년 이곳 졸업식에는 취재진이 북적거렸다. 하지만 정작 화동들이 졸업한 2020년 졸업식에는 한 방송사에서만 나왔다며 남북문제가 달아오를 때는 관심이 집중되다가 열기가 식으면 썰렁하다고 전했다. 두 어린이는 2021년 외부 학교에 진학해 현재 중학교 2학년이다.

### 폐교 위기에서 경쟁률 치열한 학교로

대성동초등학교는 정원 35명의 미니 학교다. 한 반 5명, 1개 반으로 된 1~6학년 30명에 병설 유치원생 5명을 더한 숫자다. 35명 정원은 유엔사 규정 525-2에 따른 것으로 2008년부터 꽉꽉 채워왔다.

2008년 이전에는 학생 수가 35명에도 미치지 못해 통폐합 대

강익중 작가가 대성동초등학교 아이들과 손잡고 만든 모자이크.

상에 포함됐다. 1982년부터 교육부에서 추진한 소규모 초등학교 통
폐합 기준은 '동일 면내에 있는 학교로서 학생수가 180명 미만이고
6학급 이하의 학교이며 통학거리 4킬로미터 이내에 인근 학교가 있
는 경우'이다. 1999년 이후에는 100명 이하로 기준이 완화됐다. 다
만 2000~2005년에는 통폐합 추진 주체가 시도 교육청으로 전환되
면서 추진이 느슨해진 바 있다. 2006년 이후 추진 주체가 중앙 정부
로 환원되어 통폐합 고삐를 죄었으나 시도 교육감이 학생들의 통학
여건, 학부모 의견 등 지역 실정을 고려해 자체 계획을 수립 추진하
도록 재량권을 주었다.

대성동초등학교가 폐교 위기에 놓이자 주민들이 외부로부터의 고립, 남북 대치 등 대성동 특성을 고려하여 학교를 유지해 줄 것을 교육청에 진정했다. 이에 2006년 경기도 교육청과 유엔사는 양해각서를 맺고 파주시 학생을 받아 35명 정원을 유지하는 조건으로 통폐합 대상에서 제외하여 학교를 유지하기로 했다. 판문점 정상회담 화동 중 한 아이는 대성동, 또 다른 아이는 문산에 거주했던 데는 이런 사연이 숨겨져 있었던 거다. 현재 정원 35명 중 12명이 대성동 아이다.

2021학년도 1학년 신입생 역시 정원 5명을 모집했다. 우선권은 대성동 마을 아동 및 병설 유치원 졸업 예정자 4명한테 주어졌다. 외부 선발 인원은 1명이다. 추첨으로 선정했다. 본디 첫날엔 부모가 대성동 주민으로 파주시 거주 아동한테, 이튿날엔 파주시 문산읍 거주 아동한테 기회를 준다. 연이틀 선발이 안 되면 대상을 파주시 거주 아동으로 확대하여 기회를 준다. 하지만 대개 둘쨋날이면 선발 절차가 끝난다.

2020학년도에는 1명이 비어 16명이 지원해 16대1의 높은 경쟁률을 기록했다. 병설 유치원은 8대1이었다고 한다. 이처럼 경쟁률이 치열한 것은 빈자리가 적은 데다 교육 여건이 좋기 때문이다. 학급당 인원이 5명뿐이어서 사실상 개별 학습지도가 이뤄진다. 통학버스를 운행하여 대성동 이외 지역 학생은 모두 그 버스를 타고 다닌다. 통학길이 대부분 민통선 안쪽이어서 안전할뿐더러 일단 등교하면 하교 때까지 학교에서 모든 일과가 이뤄져 안심하고 맡길 수 있다. 1~2학년은 모두 돌봄교육을 하고 나머지 학생들도 오후

4시 30분까지 방과후 학습을 한다.

이곳 교원은 교장·교감을 포함해 모두 12명이다. 행정실 공무원 등을 포함하면 모두 20명으로 사실상 1대1 교육이 가능한 구조다. 특장으로 내세우는 것은 방과후 수업 활동으로 원어민 영어교육과 퓨전타악 수업, 다양한 현장 체험학습이다. 이것 역시 정원이 적은 탓에 주어지는 혜택이다.

"여기는 학생 수가 적어 예산이 넉넉한 편이에요. 방과후 교육이나 체험학습 때 수익자 부담이 거의 없어요. 비용이 상대적으로 많이 드는 활동, 예컨대 요리 활동도 편하게 할 수 있죠. 체험학습을 제주도로 가기도 해요. 예산이 빠듯한 큰 학교에서는 엄두를 못내는 일이죠."

퓨전타악 교육과 공연은 이 학교의 자랑이다. 학교에서 악기와 연습실을 제공하고 전 학년이 참여하여 기량이 전수된다. 외부에 불려가 공연할 기회가 많다. 그런 탓에 참여하는 학생들은 리듬감이 향상되는 것은 물론 성격이 명랑하고 적극적으로 바뀐다고 한다. JSA부대 군인들의 방과후 영어교육도 빼놓을 수 없다.

"방과후 미군 장교가 영어를 가르치죠. 미국인 대대장 부인이 월1회 놀이식으로 영어 학습을 하기도 해요. 요즘은 영어가 유창한 한국군이 많이 가르쳐요. 그만큼 원어민 노출 기회가 많아 아이들이 영어에 대한 두려움이 없어요."

윤영희 교장은 거의 모든 아이들이 간단한 영어회화가 가능하다고 자랑했다.

교육청 외 외부 지원도 다양한 편이다. 2014년부터 KT 지원으

퓨전타악 연습 장면. 외부에서 공연 요청이 오기도 한다.

로 최첨단 교육이 가능해졌다. 교내에서 와이파이가 터지고 교실마다 고화질 TV와 태블릿 PC를 설치해 교사-학생, 학생-학생 간의 양방향 수업이 가능하다. 세계적인 로봇석학 데니스 홍 박사가 방문해 꿈을 주제로 강연을 하고 치안 지킴이 로봇을 선물한 바 있다. 김동구 이장의 자녀는 KT 홍보 영상에 출연해 방송을 타기도 했다. 강익중 작가가 이곳 어린이들과 함께 작업한 모자이크 벽화가 복도의 한 벽을 차지한 것도 외부의 높은 관심에서 비롯했다.

## 자연광 대신 안전을 택한 교실

각 교실에는 아이들 책상 5개, 교사 책상 1개를 간격을 벌려 놓았다. 코로나19 상황이 아니라 평상시의 배치란다. 정면에는 태극기와 와이파이 단말기 아래 칠판과 대형 LED 모니터가 반반, 뒷면 아이들 솜씨 자랑판엔 모든 아이들의 작품이 붙었다. 액자로 된 학급 안내판은 교사 사진, 아이들 단체 사진과 급훈으로 구성돼 있다. 출입문 부근 벽엔 일과표, 주간 일정, 점심 메뉴 등이 붙어 있는데, 낯선 종이가 끼어 있다. '국지 도발 상황 발생 시 대피도'와 '지진화재 발생 시 대피도'다. 전자는 화살표가 학교 건물 뒤에 주차한 버스, 후자는 화살표가 운동장으로 향하고 있다.

학교를 둘러보고 자세한 사정을 듣고 나오면 학교 건물이 각별하게 보인다. 전통 한옥을 모티브로 해 잘 지은 최신식 건축물이다. 대성동 주택들과 똑같은 서향이다. 그런데, 어라? 창문이 있을 자리에 창문이 없다. 그 자리는 검정 벽돌이 차지하고 창문 가장자리여야 할 부분에 작은 창을 냈다. 자연광 대신 안전이다.

초등학교 수업 장면.

부설 유치원.

교육 장비 중 하나인 3D 프린터.

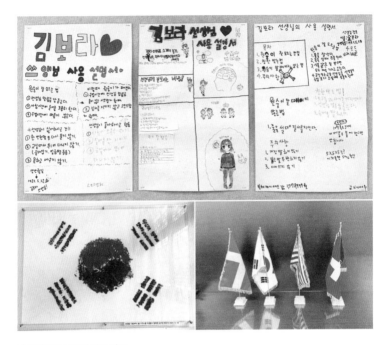

교실 뒤편에 붙은 아이들 작품.

통학버스.

졸업생 사진.

이곳 학생들은 한해 한차례 단체사진을 찍는다. 졸업 앨범용이다. 한해 졸업생이 5명인데, 5명으로 썰렁하게 찍느니 전교생이 함께 찍는 오붓함을 선택한 거다. 해마다 즐겨 찍는 장소는 운동장. 학교 본관 건물을 끼고 대성동 마을의 상징인 태극기 게양대가 배경으로 보이는 곳이다. 사진을 보면 누구나 대성동초등학교와 그 학생들임을 알 수 있다. 졸업 연도만 다를 뿐.

오후 5시 무렵. 아이들이 인솔 교사의 인도를 받아 통학버스에 오른다. 국지 도발 상황 발생 때 이들을 태워 문산으로 대피시킬 그 버스이기도 하다. 담장 밖 신갈나무 고목이 아이들의 재재거림 속에 한가롭다. 둥치 크기로 미루어 한국전쟁을 지켜보았을 법하다.

3장
대성동의 탄생

유엔 군정위 조사반의 통역으로 참여한 최덕빈 중령은

"대성동 마을이 보잘것없어서는 안 된다."며 사유지 개간 등을 국방부에 건의했다.

이를 계기로 정부에서 비로소

대성동 마을의 존재와 중요성을 인지하게 되었다.

# 중앙정보부가 주도한 대성동 개발

현재의 대성동 마을은 1979~1980년 '대성동 종합 개발'에 따라 갖춰졌다. 대성동 종합 개발은 정부의 첩보 기관인 중앙정보부(국가정보원의 전신) 주도로 이뤄진다. 중앙정보부는 1979년 1월 8일 당시 박정희 대통령한테 '판문점 지역 종합 개발 건의' 제하의 문건을 올려 재가를 받았다.

## 대북 우위성을 과시하라

중앙정보부는 대성동 종합 개발의 목표를 "남북 대치의 현장인 판문점 지역을 종합 개발하여 한국의 대북 우위성을 과시함에 있음"을 분명히했다. 북의 기정동 마을이 현대식 마을로 조성돼 농경지 정리 및 영농 기계화가 이뤄진 데 반해 1972년에 개발한 대성동 마을(38호 236명)은 방치되어 있으며 경지 정리나 하천 개수가 시행되

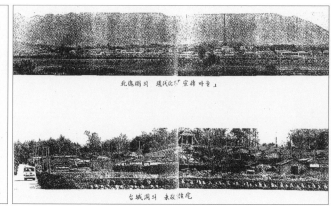

板門店地域綜合開發建議

1979.1

中央情報部

北傀側의 現代化된「宣傳마을」

台城洞의 未改良住宅

1979년 중앙정보부가 만든 '판문점 지역 종합 개발 건의' 서류 표지. 대통령 사인이 보인다. (왼쪽) (국가기록원)

1979년 중앙정보부가 만든 '판문점 지역 종합 개발 건의' 서류에 첨부된
기정동과 대성동을 비교한 사진. '북괴측의 현대화된 선전 마을'
'대성동의 미개량 주택'이라는 사진 설명이 개발의 목적을 알게 한다. (오른쪽) (국가기록원)

지 않아 낙후된 영농 실태라고 평가한다. 문건 말미에 기정동과 대
성동 마을 사진을 첨부해 개발 당위성을 뒷받침한다. 첨부 사진을
보면 기정동 마을의 집들이 크기만 다를 뿐 같은 스타일의 시멘트
블록 벽체에 맞배 또는 팔작지붕 형태로 잘 정비된 데 반해, 대성동
마을은 1972년에 일괄로 지은 시멘트 블록 집 사이사이에 나무 기
둥·흙벽의 한옥이 뒤섞여 볼품이 없다.

중앙정보부는 대성동을 판문점 및 기정동 마을에서 가시권 내
지역에 개발할 것을 주장하며, 구체적으로 신취락 조성 및 민정반
(대성동 마을 경비와 주민들의 민원을 담당하는 중대급 부대) 사무실 신축
등 마을 현대화 사업, 도수로, 트랙터, 스프링클러 등 농경지 정리
및 기계화, 대성공원 조경, 국기 게양대 설치 등 환경 조성 등을 들

었다. 그 방안으로 내무부 주관으로 관계 부처가 협조하여 '새마을 사업'으로 추진할 것을 제시하고 중앙정보부, 경제기획원, 내무부 (현 행정안전부), 국방부, 농수산부, 문교부(현 교육부), 건설부, 보사부 (현 보건복지부) 등 사실상 모든 정부 부처 간부들로 실무 협의회를 운영토록 했다.

중앙정보부의 보고를 접한 박 대통령은 "종합 개발 계획은 참으로 잘되었으니 멋지게 잘하라."며 "모범 새마을 계획과 취락 사업 추진 계획에 의거, 가장 모범된 사업이 이룩되도록 관계 부처는 최선을 다할 것"을 지시했다.

이에 따라 내무부는 19쪽 분량의 '대성동 종합 개발 계획'을 수립하여 관계 부처에 회람했다. 사업은 1월 안에 개발 계획을 수립

1970년대 전진 배치해 조성된 새마을. (국가기록원)

3장 대성동의 탄생

한 뒤, 2월부터 현지 답사, 측량, 현장 사업소 설치, 자재 확보 등을 마치는 등 시행에 들어갔다. 이 가운데 주택 개량 및 민정반 사무실 신축은 6월 안에 끝내고, 농경지 정리 사업은 이듬해 4월까지 완료하기로 했다.

부처별로는 내무부가 마을 현대화 사업 및 환경 개선 사업, 문교부가 학교 건립, 농수산부가 경지 정리, 수리 시설, 기계화, 개간, 스프링클러, 보건사회부가 간이 상수도, 건설부가 하천 정리를 맡고 중앙정보부와 국방부가 유엔사 협조, 출입 절차, 경호 등을 담당했다.

## 주택 개량, 경지 정리, 수리 시설 확충

내무부가 주관하는 마을 현대화 계획을 보자. 주택 개량의 경우, 주택의 외형은 전시 효과를 극대화할 모형을 개발하되, 지붕 도색은 주변 환경과 조화되고 원경 가시 효과를 극대화하도록 배치할 것을 주문하는데, 지붕 모양은 처음부터 박공형으로 지정했다. 박공형 지붕이란 책을 펼쳐서 덮은 모양의 지붕을 말하는데, 건설비는 적게 들이고 전면을 다양하게 연출할 수 있는 장점이 있다. 크기는 25평 이상으로 하되, 2층 주택은 35평 이상으로 하고 전체 38동 가운데 30퍼센트 정도를 짓도록 했다. 창고는 주택마다 하나씩, 12평 이상으로 짓도록 했다. 택지는 가구당 200평 이상으로 했다.

마을 안길은 경운기나 트랙터가 다닐 수 있는 너비로 하여 간선 도로는 최소 10미터, 지선 도로는 최소 6미터로 하고 간선 도로와 마을 외곽에 가로등 20개를 달도록 했다. 당시 공회당 옆 48미터 국기 게양대는 민정반 사무실 옆으로 옮겨 85미터 높이로 설치하고

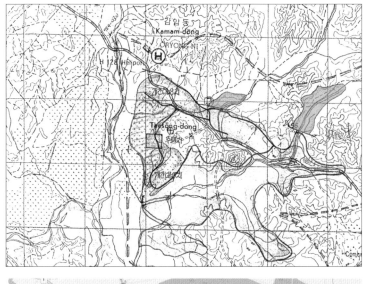

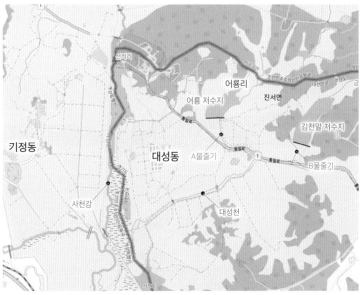

1979년 농업진흥공사의 저수지 개발계획도와 현재 지도상의 두 저수지.
이 두 곳의 저수지에서 나온 물이 마을을 돌아 사천강으로 흘러간다.
(국가기록원, ©OpenStreetMap)

3장 대성동의 탄생

특수천으로 만든 12×16미터 태극기를 게양토록 했다. 태성 중앙에는 팔각정을 만들도록 했다. 경지 정리와 수리 시설 확충은 마을 현대화와 함께 종합 개발의 뼈대에 해당한다. 실무를 담당한 농업진흥공사가 작성한 '대성동 종합 농업 개발 사업 계획서'를 보면 전모가 확인된다.

　　당시 대성동은 "수리 시설이라곤 소류지(저수지) 1개소를 수원으로 하여 양수장 1개소로 마을 앞 일부 지역에 관개하는 실정이며 중앙의 넓은 지역은 수리 시설이 없어 극심한 한해(가뭄) 상습지"였다. 이에 기존의 어룡 저수지를 보수하고 김천말에 또 다른 저수지(대성 저수지, 나중에 김천말 저수지로 개칭)를 신설하고 양수장 3개소를 만들었다. 이와 함께 논 144헥타르, 밭 4헥타르, 잡종지 53헥타

어룡 저수지.

르 등으로 된 농지를 대상으로 대대적인 경지 정리를 시행했다. 이 때 판문점 부근 및 웅지말 일대 15헥타르를 농지로 개간했다. 불도저 22대, 덤프트럭 5대 등 중장비가 동원됐다. 경지 정리 뒤 조건이 특이한 곳을 뺀 모든 곳은 영농 합리화와 협동 작업을 가능케 하려 호별 집단 환지를 했다. 트랙터 3대, 이앙기 6대, 콤바인 1대가 마을 공용으로 지원됐다.

저수지 두 곳에서 머물다 흘러내리는 물줄기는 대성동 농경지 중앙을 거쳐 사천 본류에 합류하는데, 구불구불한 것을 곧게 펴고 바닥 흙을 퍼올려 배수를 원활하게 개선했다. 이로써 대성동 농경지는 2곳의 수원으로부터 관개가 가능한 땅은 영농 기계화가 수월한 논으로 바뀌어 벼농사 위주로 완전 재편되었다.

## 작전처럼 펼쳐진 공사 과정

대성동이 DMZ인 까닭에 공사 과정이 특이했다. 각종 인부들이 작업할 수 있는 시간이 하루 6시간(오전 10시~오후 4시)에 불과했다. 이를 감안하여 표준 품셈 인부수를 25퍼센트 이상 가산하여 적용했다. 주택 신축 인부의 경우 출입증을 항시 휴대토록 하고 중식 및 휴식 시간에 작업장에서 5미터, 대성동에서 50미터 이상을 벗어날 수 없도록 했다. 작업장을 무단이탈할 경우 월북 기도자로 간주해 처벌키로 하는 등 엄중한 감시 하에 진행됐다. 작업장 주변은 가림막을 쳐 공사 과정이 외부에 노출되지 않도록 했으며 실제로 거주하게 될 주민들의 접근도 허용되지 않았다.

이때 기존의 새마을 주택과 전통 가옥(기와집, 초가집)은 모두 헐

3장 대성동의 탄생

어버리고 '현대식 주택' 38동을 신축했다. 정부에서 큰 틀을 제시하여 건설된 주택은 A(27평), B(28평), D1(2층, 34평), D2(2층 34평), E(2층, 32평), H형(2층, 56평) 등 6가지 유형이다. B형(모임지붕집)을 제외하면 모두 맞배집 전면 박공형으로 애초 내무부가 제시한 주택 모양을 따르고 있다. 모든 건물은 서향으로 앉혔다. H형을 제외하고는 모두 출입문을 낸 전면부 벽은 붉은 벽돌로, 나머지 세 벽은 시멘트 벽돌로 쌓고 시멘트 모르타르를 바른 뒤 페인트를 칠했다. H형은 56평으로 기록돼 있지만 2가구를 합친 평수로 1가구당 23평 내외다. 전면 외장을 타일로 마감한 것이 특징이다.

A형은 6유형 중 가장 작은 평수로 4~5명 가족용. 전면 중앙에 현관과 거실 창을 나란히 내고 그 위에 캐노피를 달았다. 비가 들이치는 것을 막고 겉보기에 그럴듯하게 보이기 위해서다. 평면적으로

1980년 이후 신축된 현대식 주택들.

A형

B형
- (주방확장)
- 주방
- 욕실
- 안방
- 건넌방
- 거실
- 거실확장 (예전 안방)

D형
1층 평면도
- 방2
- (예전 부엌)
- 주방
- 거실
- 현관
- 욕실
- 창고
- 발코니

2층 평면도
- (발코니 확장)
- 방3
- 발코니

E형
1층 평면도
- 방2
- 주방
- 다용도실
- 욕실
- 방1
- 거실
- 창고
- 현관
- 발코니

2층 평면도
- 방3
- 발코니

0  1.0  2.0      5.0m

A형
- 다용도실 (보일러실)
- 주방
- 방1
- 욕실
- 방1
- 현관
- 거실
- 방1

보면 현관을 들어서면 넓은 거실에 부엌이 잇대어 있다. 오른쪽에 안방과 윗방, 왼쪽에 건넌방, 욕실, 다용도실이 배치되어 있다. 부엌은 신발을 신고 내려가 난방·취사용 아궁이에 불을 넣는 구조다.

B형은 5~6명용. 전면에 출입구와 거실 창호를 겸한 미닫이식 출입문을 내고 그 위에 캐노피를 달았다. 내부의 구조는 A형과 비슷하나 욕실과 부엌의 위치가 바뀌어 있다.

D형은 6~7명용으로 2층 구조다. D1과 D2는 평면 좌우가 바뀌었을 뿐 동일한 구조다. 평면을 보면 전면 중앙에 거실, 정면 좌(또는 우)측 필로티 부분에 현관이 위치한다. 거실 창문 위로 캐노피를 겸한 2층 발코니가 나 있다. 거실을 중심으로 방 2개와 주방, 현관 옆으로 욕실을 두고 있다. 현관 바로 옆 계단을 오르면 2층에 앞뒤 발코니를 낸 방 하나가 더 있다.

E형 역시 6~7인용으로 2층 발코니가 하나인 점을 빼면 D형과 같다.

신혼부부를 위한 2가구용 H형은 대성동에 2곳밖에 없는 연립주택이다. 맞배지붕을 공유하고, 좌우로 출입구를 달리해 평면 구조가 대칭인 쌍둥이 2층집이다. 56평으로 기록돼 있지만 2가구를 합친 평수로 1가구당 23평 남짓이다. 전면 거실 한쪽으로 설치된 현관을 들어서면 한쪽으로 방과 주방이, 다른 쪽으로 욕실이 위치한다. 욕실 앞 계단을 통해 2층으로 오르면 거실과 방 2개가 있다. 건물 높이가 상대적으로 높아 북에서 보았을 때 가장 뚜렷하게 보인다. 하지만 좁고 불편해 현재는 아무도 살지 않은 채 비어 있다.

주택이 완공된 뒤 가구별 거주자 인원에 맞춰 6가지 유형으로

그룹을 지은 다음, 동일한 유형에 배당된 가구들끼리 제비뽑기를 해 입주했다고 한다.

## 현대건설의 날림 공사

2014년 숙원 사업인 리모델링을 하면서 날림 공사가 드러났다. 외벽 단열이 안 된 것은 물론 지붕 단열에 쓰일 스티로폼이 지붕 아래 빈 공간에 쌓여 있는 사례가 다수 발견됐다. 국가관이 뚜렷한 업체라 하여 시공사로 선정된 현대건설이 주민들의 공사장 접근을 차단한 채 주택을 시공하면서 외양만 그럴듯하게 만들었을 뿐 주민들이 겨울철 추위에 노출되는 부실한 집을 지은 것이다. 주민들에 따르면 여름에는 무척 더웠고 겨울에는 몹시 추웠다. 특히 겨울철에는 집 안의 물이 얼 정도였으며 집 안에서도 외투를 입고 생활했다고 한다.

H형 연립에 입주해 신접살림을 차렸던 조영숙 부녀회장은 방음이 안 돼 무척 불편했다고 말했다. 옆집 또 다른 신혼부부의 고충

H형 연립주택, 지금은 사람이 살지 않고 비어 있다.

3장 대성동의 탄생

이장댁 평면도. 왼쪽은 1980년대, 오른쪽은 현재의 모습. 《경기도 DMZ자유의 마을 대성동》

도 비슷했을 터이다. 결국 조씨 부부는 마침 집을 비워두고 대성동 바깥으로 이주한 세대가 있어 그 집으로 짐을 옮길 수 있었다. 수요가 없어 집이 비어도 거래가 형성되지 않는 터라 이장의 허가를 받아 이사가 가능했다. 그가 살던 연립주택은 지금도 비어 있다.

당시 지어진 집 그대로 사용하는 예는 거의 없다. 겨울철 서풍에 전면이 노출된 앉음새를 보완하기 위해 대부분의 집들은 남쪽으로 별도의 출입구를 냈다. 가족 구성원의 변화에 따라 평면 구획을 바꾸고 증개축을 하여 생활의 편리를 도모했다. 특히 아궁이에 불을 때 취사와 난방을 겸하던 재래식 부엌은 보일러로 난방이 바뀜에 따라 아궁이를 없애고 싱크대, 냉장고 등을 놓아 현대식 주방으로 바뀌었다.

김동구 이장의 집을 예로 들어보자. 이장 댁은 28평 B형으로 마을에서 두 번째로 작은 집이다. 입주 당시 가족은 부모님 두 분,

**이장댁 외부 모습** ⓒ 김동구

형, 작은 누이, 본인 등 5명이었는데 형과 누나는 학교 때문에 외지에 나가 있어 5~6인용 28평형을 배정받은 것으로 보인다.

현관에 인접한 큰방은 조부모님이 사용했고, 거실 옆방에는 부모님이, 거실과 미닫이문으로 연결된 방에는 형이 살았다고 한다. 이장은 어려서 조부모나 부모와 함께 생활했다고 한다. 조부모는 학생이던 고모들 밥을 해주러 외지에 나가 사시곤 했다. 이후 형과 누나는 외지에 정착했고, 조부모가 돌아가시고 난 뒤 그 방은 김동구 이장 부부가 쓰고 있다. 미닫이문으로 연결된 방은 문을 없애고 거실로 늘려 쓰고 있다.

부엌은 원래 신발을 신고 내려가는 아궁이식이었는데, 지금은 입식주방으로 개조하여 보일러실까지 늘려 넓게 쓴다. 출입구는 남쪽으로 따로 내고 거실 전면 발코니는 알루미늄 창호로 바꾸었다.

3장 대성동의 탄생

# 남향에서 서향으로 재배치된 자유의 마을

구릉 밑 남향 양지에 자리했던 대성동 마을이 벌판 머리맡으로 옮겨 서향으로 재배치된 단초는 1971~1972년에 추진된 '대성동 자유의 마을 종합 개발'에 따른 것이다. 1972년 대성동 개발 사업 준공식 안내장에 첨부된 마을 조감도를 보면 마을의 변화가 확연히 드러난다.

### 서향에 조성된 새마을

우선 학교 북쪽에 있던 기존의 마을 진입로를 없애고 1번 국도에서 직각으로 꺾어 산을 가르고 마을로 직진하는 신작로를 포장했다. 신설도로는 마을과 마을 앞 들판을 관통하여 분계선 부근 태성까지 뻗쳤다.

　새로운 마을은 구마을을 잔존시키면서 공공시설을 보강했고 옛 웅지말 뒤편 구릉지를 정비하여 '새마을'을 조성했다. 구마을이

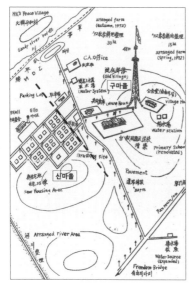

1972년 대성동 개발 사업 준공식 안내장 마을 조감도.
(왼쪽)(국가기록원, 1972 대성동종합개발)

1972년 대성동 마을 새마을 주택 평면도.
(오른쪽)(국가기록원)

자연 친화적인 반면 포장도로 건너편에 조성된 신마을은 격자형 마을 안길에, 정형화한 주택이 서향으로 들어섰다.

주택은 9개 블록에 한 블록당 2~4동씩, 모두 25동이 지어졌다. 새로 설치된 공동 시설로는 신마을 앞쪽에 공동 축사와 사일로silo가 들어서고 큰길가에 주차장, 탈곡장, 공동 창고, 간이 상수도 등이 만들어졌다. 마을 앞 농경지 45헥타르가 봄가을에 걸쳐 경지 정리가 되었다. 마을 북서쪽 소류지(현재 어룡 저수지) 인근에 양수장을 설치하여 경지 정리 구역까지 도수로를 내고, 제방 일부를 보수했다.

신축된 '새마을 주택'은 A형(15.27평)과 B형(12.8평) 2가지 유형으로, 크기가 다를 뿐 가로로 긴 일자형 평면은 비슷하다. 가족이 거주하는 공간은 마루를 중심으로 방 2~3개와 부엌으로 구성되었고,

3장 대성동의 탄생

1960~1970년대 초 마을 모습. (국가기록원)

창고와 욕실을 사이에 두고 별도의 출입문이 난 작은 방이 덧대어
있다. 당시 집집마다 머슴을 한두 명씩 두고 농사를 짓는 형편을 고
려한 배치다. 변소와 우사는 별채.

시멘트 블록으로 벽을 쌓고 맞배지붕에 슬레이트를 얹었다. 단
열이 안 돼 여름에 덥고 겨울에는 몹시 추웠다고 한다. 난방은 아궁
이에 땔감을 때는 온돌 난방. 현재 새마을 주택은 남아 있지 않고
비슷한 시기에 조성된 통일촌에 서너 채 남아 있다.

### 마을의 존재감을 인지시킨 사건

이에 앞서 1959년 미군과 정부 주도로 공회당, 목욕탕이 들어서고
발전소가 세워져 전기가 들어왔다. 이때 시범적으로 '문화주택' 4채
가 들어섰다. 미군과 정부의 이러한 조처는 그 전해에 발생한 이대
성 피살 사건이 단초였다고 전한다. 1958년 12월 16일치 경향신문

'중립 지대 대성동민 피살, 괴뢰헌병 5명이 흉기로 찔러' 제목의 기사에 그 전말이 나온다.

경찰 당국에 접수된 보고에 의하면 지난 8일 새벽 3시경 중립 지대 대성동(장단군 군내면 조산리)에 사는 이대성(46·농업) 씨는 괴한 5명에 의해 끌려나와 판문점 남방 130미터 지점에서 시체로 발견됐다. 시체 옆에는 미군용 후랫슈 등이 놓여 있어 유엔군 측과 DMZ 공동 관리소에서 진상을 조사한 결과 괴한 5명은 괴뢰군 헌병으로 밝혀졌고, 이들은 칼로 이씨를 살해한 뒤 그 책임을 유엔군 측에 씌우려고 미군용 후랫슈 등을 시체 옆에 놓았던 것이라고 한다. 한편 당국에 의해 알려진 바에 따르면 피살된 이씨는 괴뢰군 측 간첩 행위를 해오다가 괴뢰 측에 그네들 말을 잘 듣지 않는다고 이날 살해한 것으로 밝혀지고 있다.

1976년의 대성동 마을 모습. (국가기록원)

125

마을 박물관에 전시돼 있는
1972년 대성동 종합 개발 서류.

당시 유엔 군정위 조사반의 통역으로 참여한 최덕빈 중령이 "대성
동 마을이 보잘것없어서는 안 된다."며 사유지 개간 등을 국방부에
건의했다고 한다. 이를 계기로 정부에서 비로소 대성동 마을의 존
재와 중요성을 인지하게 되었고, 미군 역시 대성동 지원 병력이 출
퇴근하다가 상주하게 되면서 불도저 등을 지원해 생활 개선이 이뤄
지게 되었다고 한다.

1972년 개발 사업 관련 서류에 외부 손길이 닿기 이전 마을의
얼개가 보인다. 대성동초등학교 북쪽으로 판문점으로 통하는 옛길
이 있었고 남쪽으로 새로 낸 신작로를 통해 주민들이 문산을 왕래
했다. 현재 진입로에서 태성까지 관통하는 도로는 원래 저지대여서
논이었고, 논 좌우로 양지말과 응지말에 집이 들어선 구조다. 공회

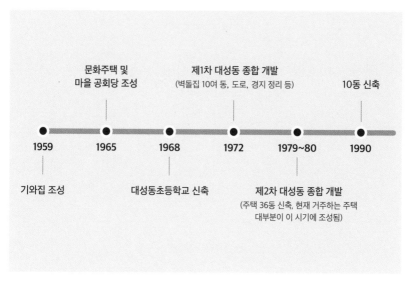

문화주택 및
마을 공회당 조성

제1차 대성동 종합 개발
(벽돌집 10여 동, 도로, 경지 정리 등)

10동 신축

1959          1965          1968          1972        1979~80        1990

기와집 조성                    대성동초등학교 신축            제2차 대성동 종합 개발
                                                    (주택 36동 신축, 현재 거주하는 주택
                                                    대부분이 이 시기에 조성됨)

대성동 개발 사업 연표.

당과 학교가 들어선 양지말에 주로 거주하고 논을 가로지르는 응지
말 가는 길가에 우물과 빨래터가 있었다. 능선 아래쪽에 들어선 집
들은 ㄱ자, ㅁ자 또는 한일자로 남향이었다. 대성동 마을 초입(신설
도로)에는 10여 가구가 사는 대장말이 있었다. 1959년 신설된 공회
당, 학교, 목욕탕 등 공공시설은 구마을에 위치했으며 마을에 전기
를 공급한 발전소는 현재 JSA민정중대가 들어선 구릉지에 세워졌다.

# 대성동 마을을 기초한 인물 최덕빈 중령

주민 인터뷰 때 으레 최덕빈(1924~2010) 중령이 거론된다. 그분이 없었다면 현재의 대성동 마을이 없었을 거라며 마을의 은인으로 추앙하는 인물이다. 대체 어떤 사람이기에 이구동성 기리는 걸까.

### 마을의 은인

그는 1959년 11월 13일치 동아일보에 처음으로 등장하는데 실명이 아닌 C중령으로 등장한다.

버림받아온 빈촌을 올해 크리스마스 안으로 완전히 근대화시킨다는 군사정전위원회 유엔 측 계획을 타고 망치 소리 삽 소리가 요란하다고 전한다. 약 2킬로미터 북쪽엔 괴뢰들의 마을 평화리(비무장지대 내)가 밤마다 전깃불을 환히 켜가지고 억지 풍년을 자

대한뉴스 제405호 화면. 내레이션에서는 유엔 군사정전위원회
한국 측 대표로서 그동안의 공로와 활약이 인정되어 유흥수 소장,
김준곤 예비역 소장, 최덕빈 대령이 미국 정부로부터 보내온 공로 훈장과
표창장을 받았다고 알려준다.

랑해 대는데 화가 난 이곳 184명의 주민들은 당국의 성의 있는
알선으로 발전기를 사들였고 언덕바지에는 건평 55평의 공회당
(내무부 보조 1천만 환)을 세울 차림을 하고 있으며 32호의 초가를
모조리 근대식 벽돌 문화주택으로 갈고 또 동사무실, 의무실, 이
발소 목욕탕(이미 완성), 오락실 등 공공시설을 마련하려고 와 있
는 몇 명의 서울 사람들과 어울려 날마다 설레고 있다는 이야기
다. 이곳의 근대화 계획을 맡고 있다는 C중령의 말에 의하면 앞
으로 동리의 구조를 근대화할 뿐 아니라 동민들을 자치 조직으로
만들어 자그마한 독립국 구실을 하도록 하겠다고. 즉 동리의 행정
을 맡아볼 자치 운영회를 만들어 그 속에 위원장, 부위원장, 내무
위원, 농림위원, 문교위원, 보건위원, 후생위원, 사법위원 그리고
고문 등 부서를 정하고 신부나 목사를 모셔오고 가능하면 4H클

3장 대성동의 탄생

럽 같은 것도 만들고 또 가능하면 중학교도 하나 세우는 등 이상
촌을 꾸미겠다고 한다.

주민에 따르면 그는 판문점 군사정전위원회 한국 쪽 일원으로 활동
하면서 정부 쪽 인사로 유일하게 대성동에 관심을 가졌다고 한다.
북쪽 기정동 마을이 근대화되어 그쪽 주민들이 집집마다 전깃불을
밝히고 트랙터로 농사짓는 데 비해 대성동은 초가에 호롱불을 밝히
고 소를 이용해 논밭을 일궈 농사를 짓는 현실을 보고, 마을을 일신
해야 한다며 마스터플랜을 세워 국방부에 개발을 건의해 현재 대성
동 마을의 기초를 놓았다는 것이다.

1959년 유엔사와 정부에 의해 추진된 크리스마스 전까지 낙후
된 자유의 마을을 근대화한다는 계획에 따라 마을에 변화가 시작됐
다. 미군이 기증한 발전기가 도입되었고 블록주택(문화주택) 3동이
지어졌으며, 공회당과 동사무실, 의무실, 목욕탕 등 공공시설이 지
어졌다.

최덕빈 중령이 그린 이상촌은 자치 조직을 기반으로 한 주민
공동체다. 이를 위한 기반 시설로 주민들이 모일 수 있는 공회당을
세웠다. 현재는 마을의 동쪽 구릉 위 한적한 곳이지만 당시는 뒤쪽
에서 마을 전체를 내려다보며 아우르는 곳이었다. 철근 콘크리트
골조에 시멘트 블록과 붉은 벽돌로 벽을 쌓고 철골 트러스트 지붕
을 얹었다. 16×12미터 동서 장방형, 층고는 약 5미터. 주 출입 현관
을 서쪽으로 두고 동쪽 끝 중앙에 강단, 좌우에 부속실을 두었다. 북
쪽에 부속실과 화장실을 두고 남쪽으로는 1층 높이에 3개의 보조

1959년 주택. (국가기록원)

출입문을 내고 2층 높이에도 같은 너비의 작은 창문을 두었다. 주
출입 현관 양쪽에는 부속실과 계단이 있는데, 계단은 현관 2층의 작
은 객실로 이어진다. 면 분할은 단순해 보이지만 공공 모임 쓸모에
맞춰 군더더기 없이 설계했다. 사방의 벽 또한 비례를 따져 면 분할
한 뒤 시멘트 벽돌과 붉은 벽돌로 쌓음으로써 회색과 붉은색이 조
화를 이룬다. 특히 주목되는 곳은 서쪽 출입구 장방형 파사드. 세로
로 2대3 면분할하여 왼쪽은 시멘트 벽돌 뉘어쌓기로 마감하여 촘촘
한 격자무늬를 연출하고, 오른쪽은 다시 가로로 면분할하여 상부는
대형 격자 유리창, 하부는 다시 세로로 면분할하여 왼쪽은 출입문
오른쪽(부속실에 해당)은 붉은 벽돌로 쌓고 한가운데 쪽창을 냈다.
(현재 대형 격차창은 시멘트벽으로 대체되었다.)

신축 즈음의 공회당.(위) (국가기록원)
그곳에서는 마을의 주요 행사가 열렸다.(아래) (국가기록원)

공회당 건축, 게다가 당시로서는 최신 재료에 모던한 디자인을
채택한 것은 미군에 의해 설계된 것으로 보이는데, 기획자가 의도
한 용도에 대한 기대감이 100퍼센트 반영된 것으로 보인다. 동 단위
주거 지역에 공회당이 들어선 것은 매우 이례적이며 유일한 사례로
보인다. 공회당은 강점기 때 총독부에 의해 대도시에 하나 정도 들
어서 큰 행사나 공연을 위한 장소로 사용되었으며 그 쓰임은 해방
뒤에도 계승되었다. 공회당 명칭은 현재 시민회관으로 바뀌었다.

대성동 공회당은 신축된 이래 20여 년 동안 대부분의 마을 행
사 용도로 쓰였다. 1980년 대성동초등학교 강당, 마을회관 등이 신
축돼 행사가 분산되면서 공회당은 용도 폐기됐다. 30년 이상 방치
되었다가 최근 마을 박물관으로 재개장했다. 이곳에 얽힌 추억이
많아 주민들은 마을을 대표하는 건물로 여긴다.

### 변호사 최덕빈

최덕빈은 1949년 7월 고려대학교 법학과를 졸업한 뒤 1953년 제
2회 군법무관 전형시험에 합격해 육군본부 법무관, 유엔군 총사령
부 군정위원회 상임대표 등을 지내고 1963년 3월 대령으로 예편했
다. 한국전쟁 당시 10년 넘게 판문점에서 법률 전문가로 활동하며
1953년 정전협정 때 '실향사민 송환위원회' 위원으로 활동했으며
반공포로 변호인 등으로 활약했다. 인도군 군법에 따라 처벌될 위
기에 있던 반공포로들을 구하기 위해 4개월가량 변론을 이끌어 포
로들을 처벌 위기에서 벗어나게 했다. 또 '실향사민 송환위원회' 위
원을 맡아 남북 거주민들이 정착지를 선택할 수 있도록 하는 데 기

여함으로써 미국으로부터 '자유훈장'을 받기도 했다.

예편 뒤인 1963년 3월 변호사 개업 이후 38년간 한결같이 무료 법률 상담, 법률 구조 활동을 통해 국민의 인권 옹호를 위한 노력을 해왔다. 변호사로 활동하면서 대한변호사협회와 서울변호사회 임원으로서 협회 발전을 위해 크게 공헌했다. 무료 법률 상담위원, 외국인 노동자 무료 법률 상담소 운영위원장, 섭외위원장, 법률 실무 연구위원회 운영위원, 시민과변호사 편집위원회 위원장 등으로 재직하면서 국민의 기본적인 인권 옹호를 위해 남다른 노력을 기울여 왔다는 평가를 받는다.

그는 1998년 12월 외국인 노동자에 대한 임금 체불, 비인간적인 처우, 여성 노동자에 대한 성폭행 등 각종 인권 침해 문제가 사회 문제화하자 외국인 노동자 법률 상담소를 열어 위원장으로서 외국인 인권 옹호에 앞장섰다. 서울변호사회 무료 법률 상담위원으로 서민들의 법률에 대한 궁금증 해결을 위해 노력해 왔을 뿐 아니라 서울시청에서 실시하는 순회 무료 법률 상담에도 적극적으로 참여해 법률에 대한 서민들의 궁금증을 풀어주는 '선생' 구실을 했다.

1987년 2월 21일 대한변협 섭외이사에 취임한 최 변호사는 일본에서 설립된 사할린 잔류 동포 문제위원회와 제휴해 사할린 잔류 한국인의 영구 귀환과 보상 청구 소송 변론 활동을 전개하는 등 대일 관계 소송에 크게 헌신했다.

1991년 11월 태평양 전쟁 종군 위안부에 대한 전후 배상 문제, 1992년 7월 일본 원폭 피해자에 대한 전후 배상 책임 변론 등은 그 대표적인 사례다. 그는 원폭 피해에 대한 배상금으로 원폭 피해자들이 많은 사천 지역에 요양소를 세우기도 했다.

'아시아의 미래와 일본의 전후보상에 관한 특별강연'과 같은 전후 보상 관련 각종 공청회와 강연을 통한 재일동포의 권익 보호 활동은 당시 큰 관심을 끌기도 했다. 아시아 변호사협회장 회의의 창립을 주도한 사람도 최 변호사. 그는 그 모임을 창립함으로써 당시 전혀 교류가 없던 아시아 각국의 변호사협회장 간 교류의 물꼬를 텄다. 그는 이를 위해 동남아시아 10여 개국 변호사협회를 직접 방문해 관련자들을 일일이 설득했다. 현재 11회째 회의가 계속될 정도로 협회장회의는 아시아 국가 간 법률 정보 교류를 위한 중요한 행사로 자리 잡았다. 그리고 이 협회장모임에서 인권위원회 설치를 제창, 그 일원으로 활약했다.

그는 국제변호사협회IBA, 아시아·태평양지역법률가협회Lawasia 등 국제 법조 단체 총회와 각종 국제회의에 변협 대표로 참석해 국제 법조계와의 교류 사업 확대에도 공헌했다. 또한 변협과 일본변호사연합회, 중화전국율사협회와의 정기 교류회를 1989년 이래 건립했다. 서울지방변호사회와 일본제2도쿄변호사회, 오사카변호사회, 중국의 베이징율사협회 간의 교류회의를 체결해 국제 교류를 확대했다. 천진율사협회-인천지방변호사회, 산동-전주, 상해-부산, 수원-요양성 등 중국 주요 도시와 한국지방변호사회 간 결연 관계가 가능했던 것도 최 변호사의 숨은 노력 덕분이었다.

1986년 3월 법률 실무 연구위원으로 판례 연구를 위해 기울인 노력도 높은 평가를 받고 있다. 그는 《시민과 변호사》의 탄생에 결정적인 기여를 했으며 연구집을 매년 책자로 발행해 법조인들로부터 호평을 받았다.

## 미완에 그친 최덕빈의 구상

최덕빈 중령이 맡았다는 실향사민 교환은 유엔 쪽 뜻대로 구현되지
는 않았다. '실향사민' 교환 의제는 정전협정 제3조 '전쟁포로에 관
한 조치' 중 마지막 항인 59항에 포함됐다. 그 요지는 "① 1950년
6월 24일을 기준으로 실향사민과 외국인에 대해 귀향을 도와준다.
② 이를 위해 '실향사민 귀향 협조위원회'를 구성하되 양측에서 각
각 2명씩의 영관급 장교가 참석, 4명으로 구성한다."이다. '실향사
민 귀향'이라고 표현했지만 애초 유엔 쪽의 의도는 '납북 인사 귀
환'이었다. 하지만 북쪽에서는 납북 행위가 없었다는 주장을 고수
하여 '실향사민'이라는 모호한 단어로 대체했다.

최덕빈 중령이 한국 측 위원으로 활동한 '실향사민 귀향 협조
위원회'는 1953년 12월 11일 판문점에서 첫 회의를 열어 실향사민
의 교환 지점, 시간, 실향사민의 가족 동반 허용 문제, 개인 휴대품
허용 문제 등 9개 항목에 합의를 했으나 교환 인원에 대해서는 의
견이 갈렸다. 유엔 측은 하루에 500명씩 교환하자고 주장했고 공산
군 측은 하루에 100명씩으로 제한할 것을 주장한 것이다. 제2차 회
의가 29일에 다시 열렸는데 여기서는 상당한 진전이 있었다. 즉 ①
실향사민 교환은 1954년 3월 1일부터 실시한다. ② 하루에 100명
씩 교환한다. ③ 교환 시간은 매일 오전 10시부터 오후 4시까지로
한다. ④ 3월 1일의 10일 이전에 양측은 교환자 수를 통지한다. ⑤
송환자 명부는 송환 전일에 교환한다는 데 합의를 했다.

포로교환협정을 희망하면서 유엔군 자유의 마을을 준비하는 모습.
부상병 포로들을 치료하기 위한 텐트를 세우고 있다. (NARA, 근현대사 디지털아카이브)

이에 따라 대한민국에서는 1954년 1월 5일부터 2월 17일까지 35일 동안 이북에 가고 싶은 실향사민의 신고를 받았는데 70여 명이 신고를 마쳤다. 1954년 2월 18일에 유엔 측은 등록을 마친 70여 명의 명단을 북측에 넘겨주었으나 북측은 남으로 가겠다는 한국인 실향민은 1명도 없고 다만 외국인 10여 명만이 송환을 희망한다고 통고해 왔다.

교환날짜로 지정된 3월 1일, 우리 측은 이북행을 지원한 76명 중 최종 단계에서 의사를 변경한 37명과 간첩으로 판정 난 2명을 제외한 37명을 북측에 넘겨주었으나 북측은 19명(터키인 11명과 백계 러시아인 8명)의 외국인만을 넘겨주고 내국인 실향사민은 한 사람도 보내지 않았다.

1967년 마을 전경. (국가기록원)

최덕빈 중령은 그렇게 해서 군정위 활동에서는 물론 대성동 사람들 기억에서 멀어졌다. 주민들은 대성동 마을의 유래를 물을 때 그의 이름을 말해줄 뿐 구체적인 활동이나 인적 사항, 후일담은 모르고 있다. 현재 대성동 마을이 있게 한 중요한 인물임에도 그 존재가 잊힌 것은 왜일까. 남북 대결 상황이 엄중해서일까. 아니면 살아남기 위한 몸부림이 힘들어서일까. 애초 최덕빈 중령이 밑돌을 놓았던 이상촌은 어느 정도 실현되었을까.

첫째, 근대화 문제를 살펴보면 마을에 전깃불을 켜고, 공회당과 목욕탕, 이발소 등 주민 편의 시설을 만든 점에서 일정 부분 성과가 있었다. 하지만 주택 개량은 문화주택 4채를 시범적으로 지어 제공해 시늉에 그쳤다. 그나마 주민의 요구를 반영하지 못해 주택으로 사용되지 못한 것으로 알려졌다. 또 농경지 개간 등 주민들의 수익을 늘리는 데는 전혀 손을 쓰지 못했다.

둘째, 주민 자치. 부문별 위원을 둔 자치 운영회를 만들어 작은 독립국을 만들겠다는 건데, 그 구상 역시 그의 뜻대로 구현되지 않은 것 같다. 다만 이장을 주민의 직접 선거로 뽑고, 미군과 협상을 통해 마을의 이익을 대변하게 된 것은 주목할 만한 성과로 보인다.

셋째, 가능하면 세우겠다던 중학교도 들어서지 못했다.

이렇듯 최덕빈의 이상촌 구상이 완성에 이르지 못한 것은 애초의 구상 자체가 구조적인 문제까지 아우르지 못했기 때문이다. 경제적 뒷받침이 되지 않은 환경 및 제도 개선은 일시적이고 겉보기 효과에 그칠 수밖에 없다. 정전위원회 소속 영관급 장교 신분도 한계점으로 드러난다. 영관급 차원에서 할 수 있는 권한이 제한되고 그마저 군정위에 근무하는 기간에 한정돼 자신의 구상을 지속적으로 완벽하게 구현할 수 없었다.

3장 대성동의 탄생

# 마을의 수익 기반이 된 사천강 습지

"제방이 터져 그나마 다행이지. 침수시간이 상대적으로 짧아서 수확이 크게 줄지는 않을 것 같아요."

2020년 9월 18일 마을회관 앞에서 만난 대성동 주민은 9호 태풍 마이삭, 10호 태풍 하이선이 터뜨린 물 폭탄 피해 여부를 묻자 뜻밖의 말을 했다. 제방이 터지면 홍수가 논을 휩쓸어 피해가 클 터인데 다행이라니…. 앞들과 사천강 사이에 축조한 둑을 말하는가?

## 남북 당국의 문제인 사천강 범람

대성동은 사천강 유역권이다. 주변의 높은 산에서 발원한 물줄기를 아울러 사행하는 사천은 그 주변에 거대한 습지를 거느린다. 그 습지를 논으로 풀어 대성동의 수익 기반으로 삼은 지 오래다. 장마가 지면 사천은 분계선에 접한 논둑을 넘어 삽시에 대성동 들녘을 휩

사천 제방 쪽에서 바라본 대성동 농로.

쓸기 일쑤였다. 1980년 대성동 종합 개발 사업의 일환으로 든든한 제방을 쌓았다. 남북 대치 상황에서 짧은 시간에 공사를 마무리하기 위해 중장비가 집중적으로 동원됐다. 당시 북쪽 주민과 병사들은 진기한 광경을 호기심으로 지켜보았다고 한다. 지금 그 둑은 그 위로 낸 순찰로를 제외한 나머지는 수풀이 우거졌다. (37쪽 지도 참고)

이해되지 않는다는 외부인의 표정이 주민들은 딱해 보였을 테다. 주민이 거론한 제방은 사천강 지류가 대성동 들판을 질러 본류와 합류하는 즈음에서 습지를 가로지르는 직선 둑을 말한다. 분계선 서쪽 북측 관할 지역에 해당하는데, 인민군 GP OOO로 통하는 도로로 쓰이고 있다. GP OOO는 1952년 한국전쟁 말기 한미 해병과 중공군 사이에 벌어진 치열한 공방 끝에 북쪽으로 넘어간 유엔사 쪽 36초소(일명 혼비 힐) 자리다.

문제의 직선 둑은 사천 지류와 본류가 합류하는 지점을 가로막

　　　　　　　　　　　　　3장 대성동의 탄생

고 있으나 유량이 적은 평소에는 아무 문제가 없다. 하지만 장마철에는 본류로 흘러드는 지류의 흐름을 막는다. 제방에는 교량 또는 대형 관 형태로 지류의 물을 빼는 물구멍이 있을 테지만 병목 현상을 빚을 수밖에 없다. 빠져나가지 못한 물이 고여 지천 하류 쪽 대성동 논 상당 부분이 상습적으로 침수 피해를 당하는 실정이다. 반면 북쪽 논은 상대적으로 피해를 덜 받는 셈이다. 그런데 2020년에는 지천의 수량이 압도적으로 많은 탓에 제방이 본류 쪽으로 터져 대성동 벼포기들을 덮었던 고인물이 삽시간에 쑥 빠져나간 것이다.

"둑이 터지면 대성동 피해가 덜하죠. 대신 북쪽이 피해를 봤을 거예요."

주민의 말에 따르면 제방으로 인한 영향을 남북 함께 따지면 플러스마이너스 제로인 셈이다. 그런 이유로 주민들은 정부 당국에 여러 번 진정을 했지만 해결 기미가 보이지 않아 현재는 포기한 상

제방 주변 순찰로의 표지판. 북에서는 귀순 행위를 '의거'라고 부른다.
넘어오는 북쪽 주민의 언어를 고려하여 만든 표지판.

태라고 한다. 남북 정부 차원의 문제인데, 개성공단, 금강산 관광, 이산가족 문제 등에 비해 사소한 일로 치부되어 남북 당국 모두 안중에 없다는 거다. 대신 대성동 쪽 지류 정비를 통해 피해를 최소화하는 실정이다. 주민들은 남북 당국한테 사소하게 보일지 모르지만 남북의 농민들한테는 피부로 겪는 중대한 문제라며 조속한 해결을 바란다.

### 대성동 쌀은 통일 쌀

대성동 논관개에 관련된 남북의 물 이야기는 더 있다. 대성동 들판을 적시는 물줄기(현재 이름이 없는데 '대성천'이라 하자)는 북쪽 물과 남쪽 물이 합수한, 그야말로 '통일의 물'이다. 백두산 천지의 물과 한라산 백록담의 물을 합수함으로써 통일 염원을 가름하는 상징적 행사에 비할 바가 아니다. 대성동 쌀은 통일 쌀이라 할 만하다.

대성천은 어룡리를 지나는 물줄기(A)와 김천말을 지나는 물줄기(B)가 송현리 들머리에서 합수하여 제법 폭넓은 지천이 된다. 대성천에 놓인 두 개의 다리 폭이 80미터인 점을 감안하면 그 너비를 짐작할 만하다. (113쪽 지도 참고)

A물줄기는 분계선 북쪽의 대덕산에서 발원하여 여러 계곡의 물을 받아 소하천을 이루고 동평말 즈음에서 분계선을 넘어 남쪽으로 흐른다. 산이 깊고 물줄기가 긴 만큼 수량이 풍부하다. 지금은 없어지고 터만 남은 어룡리 마을에 이르러 저수지가 되며 어룡 저수지라는 이름을 얻는다. 저수지가 언제 만들어졌는지 알 수 없으나 1980년대 대대적인 보수를 거쳐 대성리 들판을 관개하는 주요 수

자원이 되고 있다.

이에 비해 B물줄기는 분계선 남쪽에 위치한 백학산 물을 아울러 김천말 저수지에서 잠시 머물다 A물과 합수한다. 김천말 저수지는 1980년 대성동 종합 개발 계획에 따라 신설되어 어룡 저수지의 수량을 보조하며 대성동 영농지의 관개 면적을 넓히는 데 이바지했다. 개발 당시 대성 저수지라 이름 붙여졌는데, 하향적이며 의례적인 작명에 불만인 주민들의 요구로 저수지에 인접해 있었던 마을 이름을 딴 김천말 저수지로 바뀌었다.

A물줄기는 미군들이 말하는 인민군의 잠입로Infiltration Alley다. 물은 남북으로 흘러 통일의 물이되 물줄기 위쪽은 분계선으로 갈린 분단의 물이기도 하다. 아이러니다.

대성천 주변.

# 동의 대성동과 서의 기정동

대성동에서는 방향 감각을 수정해야 한다. 남북과 동서. 대성동 태극기 게양대와 기정동 인공기 게양대가 남북으로 마주보고 있다. 마을회관 옥상에서 그 형상을 체험할 수 있다. 멀리 인공기 이미지가 망막에 맺히는 동시에 귓등으로 태극기의 펄럭임 소리를 듣는다. 대성동이 대북 선전 마을로서 북측 기정동 평화의 마을과 짝을 이루는 점은 사전 정보로 머리에 저장돼 있다. 동서로 난 DMZ가 한반도를 남북으로 가르지 않는가. 그런데 눈에 보이는 북녘 땅이 서쪽 방향이란다. 그러니까 지금까지 서쪽을 향해 서서 북쪽을 보고 있다고 착각한 셈이다. 머릿속 생각과 실제 현실이 다른 까닭은 무엇인가.

우선 조선민주주의인민공화국(북한)과 북쪽, 또는 북녘이 동의어로 쓰이기 때문이다. 대한민국 국민은 애초부터 조선민주주의인

기정동과 개성공단의 남북 공동연락사무소. 2020년 6월 16일 북한은 이 남북 공동연락사무소를
폭파했다. (2020년 봄 대성동 마을회관에서 촬영)

민공화국을 제 이름으로 부르지 못했다. 그 반대도 참이다.

조선민주주의인민공화국에서는 대한민국을 줄창 남조선으로 부르다 1970년대 초 남한이란 호칭을 쓰기 시작했다. 정권에 대해서는 호오에 따라 괴뢰도당, 군사 파쇼, 파쇼 독재, 군사 깡패, 집권 세력, 당국 등으로 지칭해 왔다.

대한민국은 조선민주주의인민공화국을 북괴, 공산괴뢰정권, 김일성 괴뢰도당 등으로 부르다 1972년 7·4 남북공동성명 이후 북한이라는 용어를 썼다. 북괴가 북한괴뢰의 준말이었음에도 부페와 부칸 사이는 그렇게 멀었다.

정식 호칭의 부재 상태에서 남녘 북녘이라는 서정적인 표현 또는 남쪽 북쪽이라는 중립적인 별칭이 민간에 번져나갔다. 요즘은 남북 당국에서 상대방을 각각 남쪽, 북쪽이라고 부른다던가.

남북 방향은 각각의 영역에 존재하는 국가의 지칭으로 그렇게 각인되었다. 분단 이후 세대라면 모태 신앙 수준이 아니겠는가. 그러한 형이상학적 상황에서 몸에 와 닿는 대성동은 이질적일 수밖에 없다.

## 군사분계선을 꺾은 사천강 전투

대성동과 기정동을 가르는 군사분계선은 남북, 북남 방향이다. 군사분계선은 대체로 동서 방향인데, 판문점 근처에서 거의 90도로 꺾여 남진하여 임진강 하구에 닿는다. 임진강 지류인 사천의 흐름과 대체로 일치한다. 한국전쟁 말기 서부 전선에서 남북 병력이 사천을 사이에 두고 전투를 벌이다 그대로 멈춘 결과다. 그 전투가 이름

하여 사천강 전투다. (사천강 위치는 13쪽 지도 참고)

1952년 4월부터 10월 말까지 한국군 해병대 제1연대와 중공군 제193, 제194, 제195사단이 아군 도라산 전방 전초 기지를 싸고 대대적인 육박전을 치렀다. 전투가 시작되는 4월은 정전회담이 막바지로 치닫던 때다. 1951년 7월 10일 정전회담 본회의를 시작한 이래 8개월이 경과한 시점이다. 국방부에서 편찬한《한국전쟁사》에 의하면 한국군 제1사단 전초부대의 탐색권 안에 있는, 무인 지대로 알려진 개성을 회담 장소로 정하면서 결과적으로 그 지역을 북에 양보한 상태였다. 미군 쪽에서 볼 때 적진에서 벗어나 상호 대치선에 위치한 판문점으로 회담 장소를 이동한 것은 북의 개성 점유를 기정사실화한 셈이다. 회담에서는 38선과 위치가 엇비슷해진 현 전선에서의 정전에 합의하고 그해 11월 말부터 한 달 동안의 시험 휴전을 가졌다. 북은 한 달 동안 공군의 보강, 전선의 방어 진지 보강 등을 마치고 포로 교환, 정전 체제 유지 등 후속 의제를 토의하는 한편으로 대대적인 대남 공격을 펼쳤다.

당시 아군은 서부 전선이 38선에 미치지 못하면서 수도 서울 방위 문제를 고민하게 되었다. 군사적 보완책의 하나로 중동부 전선에 있던 해병대 제1연대를 피배속부대인 미 해병대 제1사단과 함께 서부 전선으로 옮겨 사천강 동쪽 제1사단 제15연대 방어 지역에 교체 투입했다.

중공군은 사천강 서쪽 덕물산, 천덕산, 군장산 일대 고지대를 점유하여 적정敵情을 내려다보며 상황을 통제할 수 있었다. 반면 아군 진지는 사천강을 따라 낮은 능선에 위치한 데다 전방이 전답과 개활지였다. 적진으로부터 진지가 노출된 데다 앞뒤 및 왼쪽이 강으로 싸여 작전과 보급이 불리했다. 게다가 백학산 서쪽에 주둔한 포병대대와 사천강 아군 전초 기지 사이에 판문점 정전회담장이 끼여 있어 화력 지원에 제한을 받았다. 당시 판문점을 중심으로 반경 1천 미터 이내, 양쪽 대표단의 기지인 개성과 문산을 중심으로 반경 500미터 이내, 개성-문산 도로 200미터 안쪽엔 어떤 적대행위나 사격, 탄착도 금지돼 있었다.

전투는 중공군이 우기를 제외한 봄가을 야간에 사천강을 도하하여 아군 전초 기지를 습격하는 것으로 시작하여 밤샘 포격전, 육박전을 벌여 전진 기지를 점령했다가 이튿날 주간에 아군의 반격으로 패퇴하는 식의 공방전이 반복됐다. 당시 해병대 제1연대(제2대대, 제5대대)는 김석범 준장의 지휘 아래 미 해병대 제1사단의 좌측 방어를 담당했다.

해병대 담당 전초 기지는 크게 두 개의 군집을 이룬다. 도라산 동쪽을 감돌아 남서로 흘러 동강리 즈음에서 사천강 본류와 합류하는 또 다른 지천을 기준으로 북쪽과 남쪽에 하나씩 군집돼 있다. 편의상 북쪽 군집을 A, 남쪽 군집을 B라 하자.

A군에는 도라산, 즉 155고지(또는 167고지)를 포함해 그 11시 방향에 방축동 37초소와 마산골 39초소가 있고, 도라산 기준 7시 방향에 36초소(혼비 힐), 33초소, 31초소가 있었다. 덕산리 일대 B군에는 86초소와 51초소가 있다. 전투는 A, B 두 초소군을 중심으로 벌어졌다.

B군 중 86초소는 유엔사 초소 중 가장 서쪽에 있으며 가장

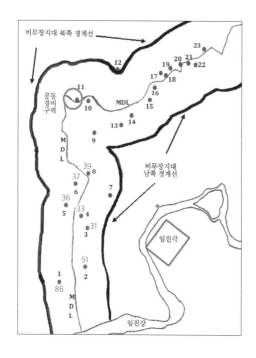

사천강 전투 당시의
유엔 측 진지들.
빼앗긴 진지는 MDL 북쪽에
있는 것으로 표기돼 있다.
(《서부전선 비무장지대-파주,
비무장지대 DMZ를 가다》)

고립되어 있어 중공군의 주요 공략 대상이 되었다. 1952년 10월
2~7일 쌍방간 치열한 전투가 벌어져 결국 사천강을 넘어온 중공
군 수중에 넘어갔다. 86초소가 함락된 뒤 1킬로미터 동쪽에 위치한
51초소가 위험에 노출되어 10월 31일 중공군의 대대적인 공격을
받았지만 방어에 성공했다.

A군 31초소와 33초소는 1952년 9, 10월 중공군의 집요한 공격
을 받았는데, 31일 대대적인 공격을 받았으나 해병대가 성공적으로
지켜내 현재 비무장지대 남쪽에 위치하며 도라산에서 관측이 가능
하다. 일명 '혼비 힐'(1975년에 편찬된 한국전쟁사 제8권 '사천강 전투'에
서 '魂飛高地'라고 표기하고 있음)이라 부르는 36초소는 A군에서 가장

서쪽에 위치하며, 사천을 굽어볼 수 있는 요충지라 1952년 9, 10월 중공군의 공격을 받아 함락되고 말았다. 현재 인민군 경비초소(GP 212)로 활용되고 있으며 제3땅굴이 시작된 곳이다. 36초소에서 북쪽으로 1킬로미터 떨어진 37초소 역시 같은 시기에 집중 공격을 받아 함락됐다.

## 밀물의 도움으로 지켜낸 장단반도

155고지를 중심으로 전투의 시말을 설명한 것은 현재 그곳에 도라산 전망대가 위치하기 때문이다. 그 일대에서 가장 높은 산이어서 사천 및 사천 너머를 조망할 수 있다. 지금이나 한국전 때나 전략적 요충지임에 변함없다. 이곳을 확보하면 그 일대를 관할하는 것이 가능할뿐더러 전방으로 가는 보급로를 유지할 수 있다. 155고지 서쪽에 위치한 일련의 전초 기지는 중공군으로부터 155고지를 지키기 위한 방어선인 셈이다. 중공군이 집요하게 공격을 한 것도 그런 까닭이며 한국군 정예 부대인 해병대가 그곳에 배치되어 맞선 것도 그런 까닭이다.

3개 전초 기지를 상실함에 따라 사천강을 따라 남향 직선으로 되었을 분계선 일부가 동쪽으로 불쑥 치고 들어왔다. 그 결과 도라산 전방 사천하류 개활지는 대부분 DMZ에 포함되고 말았다. 개성이 정전회담 장소로 선정되면서 개성과 그곳을 배후지로 한 영역에 대한 우위는 애초 중공군에게 있었으며, 수적인 우세를 바탕으로 지속적인 공략을 펼친 점이 주효한 셈이다. 하지만 아군은 수적·지리적 열세에도 8개월에 걸친 중공군의 공세를 막아내어 임진강 북쪽 장단반도를 지켜냈다.

결과의 이러함에는 사천의 형편과 무관하지 않다. 사천 하류는 밀물 때면 임진강으로 역류한 바닷물이 유입돼 수위가 높아진다. 중공군은 썰물에 맞춰 수위가 낮아진 사천을 건너 해병대 전초기지를 공격하고 다음 썰물 때에 맞춰 돌아가는 전술을 썼다. 그사이에는 퇴로가 차단돼 집요하게 공격하지만, 일단 물때가 돌아오면 후퇴할 수밖에 없었다. 탄약과 식량의 재보급이 여의치 않았기 때문이다. 대신 상류 쪽은 그런 제한을 받지 않았다. 아군의 수적·지리적 열세를 조류가 얼마간 벌충해 준 셈이다.

# 4장
# 대성동 주민으로 살아가기

대성동 주민의 일상은 여느 농촌과 크게 다르지 않다.
다만 군사 지역이어서 주민뿐 아니라 외부인의 통행과 출입이
제한된 데 따른 차이점이 있을 뿐이다.

# 까다로운 거주 조건

주민들한테 대남방송은 악몽으로 기억돼 있다. 1960년대 초부터 시작된 확성기 방송은 40년 넘게 주민들을 괴롭혀 왔다. 정부에서 지어준 주택이 방음이 안 돼 큰 소리를 피할 방법이 없었다.

### 피할 도리가 없던 대남 선전 방송

"지긋지긋했죠. 창문과 출입문을 꼭꼭 닫아도 왕왕거렸어요. 밤잠을 설치기 일쑤였어요."

혹시 나중에 익숙해져서 자장가처럼 들리지는 않더냐는 질문에 주민 김경래 씨는 손사래를 쳤다. 김동구 이장은 어려서부터 하도 반복해서 들은 탓에 북쪽 노래 몇 개를 가사는 모르지만 지금도 흥얼거릴 수 있다고 했다. 언젠가 올림픽 TV방송을 보다가 북 선수의 메달 시상식에서 연주되는 곡이 왠지 귀에 익은데, 기억을 더듬어 보니 확성기에서 들은 것이더라고 했다. 한때 군에서 대성동 마을 언덕에 대북 확성기를 설치하는 방안이 추진되다가 주민들의 반대로 중단된 적이 있다고 한다. 혹시라도 대형 확성기가 북의 타격 대상이 되면 주민들이 피해를 볼 가능성이 있다는 지적이 나왔기 때문이다. 2004년 6월 15일 00시 대남방송이 중단됐다. 주민들이 말하는 당시 느낌은 한결같다.

"딴 세상에 온 것 같더라. 정말 살 것 같았다."

철책에 근무한 병사들이 기억하는 방송 중단은 꽤 인상적이다. 먼저 북쪽에서 "지난 50년간 함께해 준 국군장교, 사병 여러분 감사합니다."라는 멘트와 함께 "이다음에 다시 만나요."라는 노래가 흘러나왔다. 남쪽은 "인민군 여러분, 그동안 함께하여 고맙습니다. 통일의 그날 만나겠습니다. 건강히 잘 지내십시오."라는 멘트와 애국가를 틀었다. 서로 정식 호칭을 써준 것이다. 밤 00시 정각, 차임벨 소리와 함께 전체 남방한계선의 야간 경계등이 꺼졌다. 1분간의 어둠. 전깃불이 다시 켜졌고 병사들의 선전 방송 없는 '고요한 근무'가 시작됐다.

## 대성동 주민만 소유한 신분증

대성동 주민은 주민등록증 외에 또 다른 신분증을 갖고 있다. 빨간색 비무장지대 출입증이 그것이다. 주민증과 형식은 비슷한데 주소 표기와 발행 기관이 다르다. 예컨대 주소가 14-2라면 14번 주택에 거주하는 세대주의 아내라는 뜻으로 해석된다. 통상 1번은 세대주, 2번은 배우자, 3번은 첫 번째 자녀 식으로 번호가 매겨진다. 발행자는 유엔사 공동경비구역 대대장.

주민일지라도 한해 8개월 이상 대성동에 거주하지 않으면 출입증을 회수한다. 장기 입원, 또는 외부 학교 진학 등 불가피한 사유가 있을 때는 그 기간을 대성동 거주로 간주한다. 대학을 졸업하면 예외 대상에서 배제되므로 대성동에 거주할지, 외부에 거주할지를 결정하고 그에 따라 빨간색 출입증을 유지하거나 반납한다.

대성동에 거주하지 않지만 정기적으로 방문하는 친인척한테는 파란색 출입증이 발급된다. 주민의 자녀 중 대학 졸업자로서 외부 거주를 선택한 경우 이에 해당한다. 외부로 시집간 주민의 여식이나 그 배우자도 파란색이다. 농사철에 출입하는 일꾼이나 방문객한테는 흰색 임시 출입증이 발부된다.

출입증을 소지한 사람은 대성동 마을과 농경지를 왕래할 수 있다. 그밖에 판문점이나 군사 지역에는 출입할 수 없다. 외부에서는 효력이 없어 주민증을 대신하지 못한다. 예컨대 이를 제시하여 은행계좌를 만들 수 없다.

출입증을 분실할 경우 사유가 인정되면 재발급된다. 부주의로 분실하는 일이 세 차례 반복되면 출입 자격을 박탈당할 수 있다.

주민들은 가구별로 출입증이 발부된 승용차와 화물트럭 한 대씩은 보유한다. 생필품 구입, 농산물 판매, 병원 출입 등을 위해서 임진강 건너 문산, 금촌, 일산 등지로 나가야 하기 때문이다. 93번 마을버스가 있지만 아침 5시 50분, 오후 12시 10분, 오후 6시 등 세 차례밖에 다니지 않아 주민들은 외부에서 술을 마셨을 때처럼 불가피한 경우 외에는 이용하지 않는다. 여성들도 대부분 운전면허증이

93번 마을버스 대성동 정류장. 하루 3차례 다닌다.

있다.

## 비범한 듯 평범한 일상

남자들은 술이 세다. 대부분 반주를 즐긴다. 어르신의 경우 2홉들이 1병 정도를 가볍게 마신다. 농사가 힘들어 술 힘을 빌던 때의 잔재다. 대개 외부에서 사들여와 냉장고에 쟁여두고 마신다. 외부에서 마실 때는 막차 버스 시간에 늦지 않으려 급하게 마신다고 한다.

대성동은 정전 초기에 일몰부터 일출까지 통금이었다. 현재 밤 11시부터 새벽 5시로 돼 있지만 실제로는 해가 떨어지면 인적이 끊긴다.

대성동 주민의 일상은 여느 농촌과 크게 다르지 않다. 다만 군사 지역이어서 주민뿐 아니라 외부인의 통행과 출입이 제한된 데 따른 차이점이 있을 뿐이다. 예를 들어 마을 어르신 칠순 잔치는 문산이나 금촌의 대형 식당을 빌어서 치른다. 마을회관에서 치를 수도 있으나 외부의 친인척을 손님으로 받으려면 절차가 복잡하기 때문에 아예 주인공이 마을 밖으로 나가는 방법을 택하는 것이다. 2008년 12월 7일 치러진 박필선 어르신의 칠순 잔치는 금촌에 있는 센트럴웨딩파크에서 이뤄졌다. 장례도 마찬가지다.

우편물은 대성동 담당 우체국 직원이 빨간색 오토바이를 타고 들어와 편지와 소포 등 우편물을 집집마다 직접 배달한다. 준공무원 신분의 집배원은 일반인들보다 간단한 절차로 출입할 수 있으나 미리 통일대교 검문소에 등록해야 한다. 일반 택배는 통일촌에 있는 장단 출장소에 일정 공간을 마련해 배송 물건을 두도록 하고 연락을 받은 주민 본인이 직접 가져오는 방식이다. 택배사가 많고 직원이 수시로 바뀌어 이들의 출입을 관리하기 힘들기 때문이라고 한다.

쓰레기나 오물 수거는 외부 차량이 들어와 수거해 간다. 쓰레기는 일정 요일에 집 앞에 내어놓으면 수거업체 차량이 걷어가고, 오물은 집집마다 필요한 날짜를 예약하여 업체 차량이 퍼가도록 조처한다.

가구를 새로 구입할 경우 문산이나 금촌의 가구점을 이용한다. 이때 가구점에서 대성동으로 배달하여 조립해 주는 데 일주일이 걸린다. 외부 배달트럭과 조립 기사가 출입 허가를 받아야 하기 때문이다. 가구를 구입하면서 배달트럭의 번호와 조립 기사의 주민등록

빨간 오토바이를 탄 우편 집배원.

번호를 미리 파악하여 이를 이장한테 통보하고 유엔사의 허락 절차를 받는다. 집수리, 인테리어 등 외부 인력이 들어와야 하는 작업은 모두 마찬가지다.

냉난방과 취사는 대부분 전기로 해결한다. 난방의 경우 심야전기로써 비교적 싼 요금으로 해결하고 취사는 전기밥솥, 또는 전자·전기레인지를 쓴다. 도시가스는 들어오지 않고 필요한 경우 LPG를 배달해 쓴다. 물은 파주시 여느 동처럼 상수도물을 쓴다. 김문수 지사 시절 이곳까지 수도 파이프를 묻었다고 한다.

대성동 주민에게는 납세와 국방 의무가 없다. 유엔 관할 중립구역으로 사실상 대한민국의 법률이 미치지 않는 치외법권 지역이기에 대한민국 헌법이 규정한 의무에 매일 필요가 없었다.

# TSD Mayor 대성동 이장

2020년 5월 말 대성동 마을을 방문했을 때 경로당 현관문에 나붙은 쪽지가 눈길을 끌었다. 코로나 유행에 따른 '대성동 마을 출입 통제 지침'이란 제목의 안내문이다. 내용인즉 대성동 친인척 포함 전 인원 출입 통제, 종교인(판문점 교회 민간인 목사) 출입 통제(단체 종교 행사 불가), 마을 주민 입·퇴촌을 위한 민간운수(93번 버스)는 정상 출입, 농업 활동을 위한 근로자 및 출입자 출입 허용 등이다. 대성동 주민도 생업 활동 외 사적인 출입을 제한하며 민정중대와의 접촉도 금한다고 돼 있다. 주민들의 택배와 우편물은 JSA위병소 택배 보관소에 두어 찾아가도록 했다. 주민 총회 결과 사회적 거리두기에 따른 조처인데 그 내용이 매우 엄중하고 구체적이다.

마을회관 옥상에서 마을에 관해 설명하는 김동구 이장.

## 마을의 자치 규정과 주민 총회

마을에는 1958년 이래 자치 규정을 두고 이를 지키고 있다. 첫 자
치 규정은 오 아무개 대령이 만들었다고 한다. 군인에 의해 만들어
져 자의적이고 통제 목적이 강한 편이었으나 여러 차례 개정을 거
쳐 현재는 주민의 자율권을 최대한 보장하는 편이라고 한다.

　　자치 규정은 주민 생활 전반을 규정하는데, 조선시대 향약과
흡사하다고 한다. 미풍을 해치거나 죄질이 나쁜 경우는 마을에서
추방하는 규정도 포함된다는데 실제로 그런 사례는 없었다고 전한
다. 현실적으로 주민들에게 적용되는 일은 출입증 분실이다. 출입

　　　　　　　　　　　　　　　4장 대성동 주민으로 살아가기

증이 비무장 출입을 보장하는 증명서인 탓에 분실되면 자칫 악용될 우려가 있기 때문이다. 따라서 이를 분실하면 며칠간 구류 처분을 한다고 한다. 구류 처분이란 마을을 못 나가게 하는 조처다. 두 번 반복되면 일주일 구류 등으로 처벌이 강화된다. 쓰리 스트라이크 아웃제다. 3번 거듭되면 마을에서 추방할 수도 있다. 현재 자치 규정은 유엔사와 협의 하에 만들어져 운영하는데, 작전 개념이 포함돼 대외비란다.

대성동 마을에서는 중요한 사안이 발생할 때마다 주민 총회를 열어 의견을 모으고 결정된 바를 실행에 옮긴다. 주민 의사가 반영되고 자체적으로 결정한 사안이어서 주민들의 이행률이 높은 편이라고 한다. 코로나 발생에 따른 조처도 주민 총회에서 결정된 사안

마을회의 장면. (《경기도 DMZ 자유의 마을 대성동》)

이다. 회의가 끝나면 '마을 총회 회의록'을 작성해 보관한다.

마을 총회는 부정기적인 소집 외에 한해 2차례 정기적으로 열린다. 한해 결산을 하고 다음해 예산을 결의한다. 기록으로 미루어 주민들의 생활과 밀접한 사안, 특히 예산 문제가 중점적으로 논의됐음을 알 수 있다.

예컨대 2018년 12월 20일 회의록을 보면, 앞쪽에 '회의 일시'와 김경래 등 27명의 '참석자' 이름을 적었다. 다음으로 동계 시간 오후 8시 전후 입출입 가능, 출입 신청 시 관계, 목적을 정확히 작성해서 제출할 것, 하수관로 유엔사 불허로 내년도 시공, 농업용 쓰레기 등 분리수거 등 '회의 내용(의제)'이 나온다. 대체로 주민들이 꼭 알아야 할 사항을 전달하는 내용이다. '질문 사항' 항목이 가장 중요해 보인다.

부녀회장 현재 수당이 15퍼센트인데 20퍼센트로 인상→내년도 상황 고려해 올리는 것으로 추진, 새마을 지도자 양곡 관리 수당 없애는 대신 반장, 새마을 지도자 수당을 30만 원에서 50만 원으로 인상 가결, 이장 업무 추진비 인상(150만 원에서 200만 원으로), 신설 수리 조합장 보수 250만 원에서 300만 원으로 인상, 신설 수로 하포 지역 수세 인하 부결.

가장 중요한 결정은 임기 2년의 이장을 뽑는 일. 2019년 12월 20일 자로 민정중대에서 작성해 경비대대에 보고한 '제40대 대성동 이장 선거 결과'를 보면 다음 페이지 표와 같다.

4장 대성동 주민으로 살아가기

# 40th TSD Mayor Election Result (Report)
# 제 40대 대성동 이장선거 결과 (보고)

<민정중대장 (CA CO CDR) / '19. 12. 20. (Fri). >

☐ Outline

This is a document to notarize that the 40th TSD Mayor Election following the completion of 39th Mayor's term of office was progressed with fairness.

☐ 개 요

제 39대 이장의 임기만료에 따른 제 40대 이장선거 결과 및 선거가 공정하게 진행되었음을 공증하는 문서임.

☐ Details

o **Candidate Election : 16 DEC 19**
  - Location : Town Hall
  - Attended Residents : 19 pax
  - Election Result : Kim Dong Gu (15votes), Jeon Jong Sam (3votes), Kim Nam Seok (1votes)

o **Mayor Election : 20 DEC 19**
  - Location/Time : Town Hall / 06:00 ~ 11:00
  - Attended Residents : 70pax (rate : 37%)
  - Votes Result 투표결과

☐ 세부내용

o 후보자 선출 : '19. 12. 16. (금)
  - 장소 : 마을회관
  - 참석주민 : 19명
  - 선출결과 : 김동구 (15표), 전종삼 (3표), 김남석 (1표)

o 본 이장선거 : '19. 12. 20. (금)
  - 장소/시간 : 마을회관 / 06:00 ~ 11:00
  - 참석주민 : 70명 (투표율 37%)

| Section<br>구 분 | Candidate #1<br>기호 1번<br>Kim Dong Gu<br>김동구 | Candidate #2<br>기호 2번<br>Jeon jong sam<br>전종삼 | Candidate #3<br>기호 3번<br>Kim nam seok<br>김남석 | Remark<br>비 고 |
|---|---|---|---|---|
| Votes Obtained<br>득표수 | 43 Votes<br>43 표 | 15 Votes<br>15 표 | 11 Votes<br>11 표 | Invalid Vote : 1<br>무효표 : 1 |

- Kim Dong Gu obtained the majority of votes and was elected as the 40th TSD Mayor.
- 과반수 이상의 득표를 획득한 김동구씨가 제40대 이장으로 선출되었음.

☐ Administrative Contents

o **Report the Election Result to UNCMAC**
o **Preserve the Election Result and Notarial Document (Voting Paper)**

☐ 행정사항

o 이장 선거결과 군정위 통보
o 선거결과 및 공증문서 (투표지) 존안

As above, We confirmed that the 40th TSD Mayor Election was executed in a legal and fair manner.
위와 같이, 제40대 대성동 이장선거가 합법적이며 공정하게 실시되었음을 증명합니다.

제40대 대성동 이장 선거 결과 보고서. 영문, 한글 두 가지 문자로 표기돼 있다.

문서 말미에 대성동 주민 투표 참관인, 한국 JSA대대 민정중대장, 한국 JSA경비대대장, 유엔사 경비대대장이 서명했다.

이 문서를 보면, 2019년 12월 20일 마을회관에서 실시된 제40대 이장 선거가 오전 6시부터 11시까지 5시간에 걸쳐 투표가 진행돼 투표자 70명 중 과반인 43표를 얻은 김동구 씨가 이장으로 선출되었음을 알 수 있다. 투표율은 37퍼센트.

정족수는 외부 거주자가 많은 대성동 마을의 특성상 문제시되지 않는다고 한다. 엄밀히 따지면 외지에 나가 있는 사람들을 데려와야 하는데 개인의 사생활 탓에 그러지 못한다는 것이다. 과반수 출석 등 일정한 요건이 안 돼도 마을 원로들이 승인하면 문제 삼지 않는다고 한다.

이에 앞서 4일 전인 16일 주민 19명이 마을회관에 모여 후보자 3명을 선출한 것으로 돼 있다. 이때 득표 순위에 따라 순차적으로 기호 1, 2, 3번이 배정된다. 유세나 당선 공약은 없다. 선거 공고, 투개표 등 모든 선거 과정은 민정중대에서 관할한다.

## 유엔사가 규정한 이장의 역할

이장의 역할은 여느 이장(도시의 경우 통반장)과 기본적으로 다르지 않다. 담당 관청과 주민 사이의 중개자이다. 다만 담당 관청이 여느 마을은 면(동)사무소, 대성동은 JSA경비대대라는 점이 다르다. 차이는 단순해 보이는데 그 결과는 중대하다. 이곳 이장이 어떻게 하느냐에 주민들의 삶이 달라진다. 때로는 생사가 달릴 만큼이다.

"이장은 마을 행정 전반에 걸쳐 주민들의 삶을 책임집니다. 예컨대 냉장고를 수리하려면 외부 인원을 불러야 하는데, 그들이 들어오려면 경호 작전이 필요하죠. 전날 점호 때 이장이 수요를 파악해 서류를 작성한 뒤 이를 유엔사에 올려 승인을 얻어야 합니다. 한꺼번에 들일을 해야 하는 농번기에는 마을의 수요와 경호 인력을 맞추기가 힘들죠. 정 급하면 외부에서 병력 지원을 받아야 하죠. 주민들이 들일을 할 수 있느냐, 혹은 외부인이 들어올 수 있느냐를 이장이 유엔사에 건의하게 되죠. 그 때문에 제왕처럼 비치기도 합니다. 안전 문제가 달린 거라서 어쩔 수 없어요." 김동구 이장의 말이다.

유엔사 규정 525-2 '군사 작전 대성동 민사 행정'은 대성동 이장의 역할을 규정하고 있다. 이 규정 네 번째 항목 '책임' 부문에서 a 유엔사 군정위 비서장, b 공동경비구역 유엔사 경비대대장, c 공동경비구역 한국군 경비대대장, d 유엔사 기참부장, e 유엔사 공보부장에 이어 'f 대성동 이장'에서 이를 구체적으로 적시한다.

(1) 대성동의 전반적인 관리, 후생 및 행정을 책임진다.

(2) 유엔군 사령관, 대성동 민정중대장, 공동경비구역 한국군 경비대대장, 공동경비구역 유엔사 경비대대장 및 유엔사 군정위 비서장을 상대로 모든 대성동 주민들의 이익을 대변한다.

(3) 대성동 농민들이 일일 야외 작업 계획을 사전에 대성동 민정중대와 협조하도록 한다.

(4) 필요시 또는 유엔사 군정위 비서장이나 공동경비구역 유엔사 경비대대장이 요청 시, 영농 작업자들을 위한 경계 경호, 유엔

사 규정에 대한 수정 제안, 대성동이나 대성동초등학교 방문
객 및 언론사 방문 등 유엔사가 해결책을 제시할 수 있는 상
호 관심사와 현안을 논의하기 위한 회의를 갖는다.

(5) 지정된 유엔사 군정위 인원들과 정기적으로 만나 상호 관심
사에 대해 논의한다.

(6) 대성동 주민들의 거주 여부를 확인한다.

(7) 모든 언론사의 대성동 작전 지역 출입 신청서에 대한 동의/부
동의 여부를 유엔사 군정위 비서장에게 건의한다.

대성동에 관한 한 이장이 경비 이외의 모든 사안을 관리한다. 그가
'아니오.' 하면 안 되고, 그가 '네.'라고 하면 된다. 그래서인가, 그의
의사 표현은 된다, 안 된다가 분명하다. 주민 대표로서 유엔군 사령
관, 대성동 민정중대장, 공동경비구역 한국군 경비대대장, 공동경비
구역 유엔사 경비대대장 및 유엔사 군정위 비서장을 상대로 대등하
게 현안에 대해 교섭할 수 있는 권한을 부여받고 있다. 외부인의 대
성동 방문은 사실상 이장이 관할한다. 규정을 보면 이장이 외부인
의 출입 신청에 대한 동의 여부를 유엔사 군정위 비서장한테 건의
하는 방식이다.

자신의 농사일을 겸하기에 2배 이상 바쁘다. 통화도 힘들다. 그
와의 스케줄은 두어 달 전에 잡아야 할 정도다.

이장 김동구 씨는 2011년에 선출돼 2021년 현재 10년째 이장
일을 보고 있다. 장기 집권 기록을 경신했다. 대성동 이장은 1950년
부터 김광영을 시작으로 현재 김동구에 이르기까지 40임기 합쳐

13명이 거쳐갔다. 이 가운데 4연임 8년이 최고 기록이었다.

"제왕처럼 군림하거나 사익을 추구하면 주민들이 금방 알아요. 주민한테 득이 안 되면 다음엔 안 찍어요. 다음 선거에서 반드시 교체됩니다. 여긴 얄짤없어요. 강릉 김씨가 많이 한 것은 사실이지만 일가라고 해서 봐주는 법이 없어요."

같은 강릉 김씨인 마을 원로 김경래 씨는 김동구 이장이 친척이라서 찍은 게 아니라 일을 잘해서 찍어줬다고 했다.

김동구 이장은 2011년 이장 선거에서 사전 공약 아닌 사후 공약을 발표하고 이를 실행에 옮기고 있다.

"이장에 당선되자마자 설문지를 돌렸어요. 주민들이 무엇을 필요로 하는지를 조사했지요. 전에는 관심이 덜하고 잘 몰랐던 동네 현안을 알게 됐어요. 그것을 정리하니 대략 4가지로 압축되더라고요. 주택 개보수, 농로 포장, 투어관광 그리고 땅 문제 해결. 주택 개보수와 농로 포장은 해결됐어요. 토지 문제는 당국으로부터 긍정적인 반응을 얻었고요. 양구 해안면 펀치볼 국유 부동산을 현 점유자한테 불하하기로 한 것처럼 말이죠. 투어는 현재 진행 중이고요."

이장에 대한 보수는 정부에서 주는 월 30만 원과 마을에서 한 집당 월 1만 원씩 46만 원을 합쳐 76만 원이 전부.

"실익을 따지면 오히려 손해죠. 제 돈이 더 많이 들어요. 자칫 잘못하면 소외될 수 있는 마을의 중심을 잡는다는 봉사 정신으로 일을 해요. 재미를 느끼지 못하면 그 일을 못해요. 농사만 지으면 만날 수 없는 다방면의 사람들을 만날 수 있다는 게 즐거워요. 친구들이 저보고 공무원 체질이라고 놀려요."

한발짝 가까이 다가가면
대성동 마을은 여느 농촌과 다르지 않은
정겨움이 묻어난다.

그가 들려준 이야기에 가장 의미심장하게 와닿은 말이 있다.

"한국말로 저는 대성동 이장이지만 영어로는 TSD Mayor예요. 미군 쪽에서 저를 그렇게 부르는데 단순히 호칭 차이가 아니라 저를 대하는 태도가 깍듯해요. 제 의견을 전적으로 존중합니다."

주민에 의해 선출된, 주민의 대표임을 인정하고 마을에 대한 책임과 권한을 부여한다는 것이다. 단 그에 대한 보완책으로 이장에 대한 파면권을 유엔사가 갖고 있다고 전했다.

한국에서 이장은 주민들이 마을 심부름꾼이나 귀찮은 허드렛일을 대신하는 사람으로 치부하고, 딱히 하겠다고 나서는 사람이 없어서 비교적 젊은 사람한테 떠밀 듯이 맡기는 실정과 완전히 다르다.

## 대성동의 자치 조직들

대성동에는 마을 총회 외에 노인회, 부녀회, 청년회, 상조회 등 여러 자치 조직이 운영되고 있다.

2001년부터 시작된 노인회는 65세 이상이 가입 조건이며 연회비 2만 원을 내야 한다. 50세가 넘으면 준회원으로 활동할 수 있다. 마을의 중요한 사안을 자문하는 원로회로서 이들의 의견은 존중된다. 노인회에서는 중복에 모여 음식을 해먹는 복놀이와 봄에 회원들과 함께 가는 단체 관광이 있다.

부녀회는 마을회관 1층에 있는 식당을 운영한다. 마을 안에 식당이 없는 탓에 외부 단체손님이 올 경우 이들에게 실비로 식사를 제공한다. 그 밖에 마을 행사가 있을 때 이를 보조하는 일을 한다.

회원이 점점 줄어들어 실질적으로 노인회와 통합 운영된다.

　청년회는 공공 비축미 입고와 출하 등 마을의 공동 작업 때 노력 봉사를 한다. 상조회는 마을 주민이 상을 당하면 함께 도와주고 밥값과 술값이라도 내자는 취지로 만들었다.

노인회관. 마을회관과 기역자로 붙어 있다.

　　　　　　　4장 대성동 주민으로 살아가기

# 대성동 헌법이 된 유엔사 규정

유엔사 규정 525-2 '대성동 민사 행정'(2019년 4월 1일. 최신 개정판만을 공개함)은 대성동 헌법이라 할 수 있다. 규정은 대성동 마을의 위상, 출입증 관리, 경비대대 운용과 역할, 이장의 선출, 대성동 주민의 자격, 대성동초등학교 운용, 외부인 출입 방법 등 대성동에 관한 모든 것을 언급한다.

## 대성동의 알파와 오메가

첫머리부터 분명하다. 이 규정은 군인, 민간인은 물론 대성동에 출입하거나 거주하는 모든 인원에게 적용되며 정전협정이 항구적인 평화협정으로 대체되거나 정전협정이 폐기되기 전까지 적용된다고 돼 있다.

다음으로 이 규정은 유엔사 군정위의 집행 기구인 유엔사 군정

United Nations Command
Unit #15259
APO AP 96271-5259

United Nations Command
Regulation 525-2

1 April 2019

**Military Operations**

**CIVIL ADMINISTRATION OF DAESONG-DONG**

*This regulation supersedes United Nations Command Regulation 525-2, dated 9 July 2015.

FOR THE COMMANDER:

MARK W. GILLETTE
Major General, USA
Chief of Staff

OFFICIAL:

ROCKSON M. ROSARIO
Director, Policies, Programs
and Awards

**Summary.** This update replaces the previous version of United Nations Command (UNC) Regulation 525-2, Civil Administration of Daesong-Dong, dated 9 July 2015. It outlines and implements the general responsibilities currently required to ensure compliance with the terms of the Armistice Agreement (AA) and its Subsequent Agreements as applicable to the civil administration and relief in the area of operations (AO) comprising the village of Daesong-dong (DSD), its associated farming/fishing areas and the adjacent portions of the Military Armistice Commission Headquarters Area (MACHA) under UNC control (hereafter referred to as the DSD AO).

**Summary of Changes.** This document contains minor updates to the previous version. A full review of its contents is recommended. Following changes were made:

o   Minor wording revision of stakeholder responsibilities.

o   Standardized abbreviations to same format adopted in UNC Regulations 551-4 and 551-5.

---

유엔군사령부
부대번호 15259
군우 96271-5259

유엔군사령부
규정 525-2

2019년 4월 1일

**군사작전**

**대성동 민사행정**

*본 규정은 2015년 7월 9일자 유엔군사령부 규정 525-2를 대체한다.

사령관을 대리하여:

마크 W. 질렛
미합중국 육군 소장
참모장

공식적으로:

록슨 M. 로사리오
정책, 프로그램, 상훈 관리처장

**요약.** 본 개정본은 2015년 7월 9일자 유엔군사령부 (유엔사) 규정 525-2 '대성동 민사행정'을 대체한다. 본 규정은 유엔사의 통제하에 되는 대성동 마을과 대성동 관련 행동으로 지역 및 이에 인접한 군사정전위원회 본부구역 (군정위 본부구역) 내 일부 지역으로 구성된 관련지역(이하 대성동 작전지역이라 지칭함)서의 민사행정 및 구제사업에 적용되는 정전협정과 정전협정 후속합의서의 준수를 보장하기 위해 현재 필요한 관련적인 책임을 기술하고 시행한다.

**변경 개요.** 본 문건은 기존 규정을 일부 수정한 것이다. 본 문건의 내용에 대한 전체적인 검토를 권고한다. 변경사항은 다음과 같다:

o   관련 인원 책임 문구 일부 수정.

o   유엔사 규정 551-4 및 551-5 와 동일한 양식으로 약어 표준화.

**적용.** 본 규정은 군인, 민간인을 막론하고 대성동 작전지역에 출입하거나 거주하는 모든 인원에게 적용된다. 본 규정은 현 정전기간 중 적용되며, 정전 기간은 정전협정이 방구적인 평화협정으로 대체되거나

대성동 헌법이라고 할 수 있는 유엔사 규정 525-2. (2019년 4월 1일 개정)

위 비서실에서 집행하며 비서실의 수장인 비서장은 유엔군 사령관, 즉 미8군 사령관이 임명한다고 돼 있다.

비서장은 대성동 작전 지역 내에서의 민사 행정 및 구제 사업 실시에 필요한 유엔사의 계획과 방침을 규정하고 그와 관련한 유엔사 계획, 방침 및 소요 사항을 작성하고, 그 시행을 위한 참모 감독을 제공하고 민사 행정 및 구제 사업의 실시를 감독한다. 비서장의 감독 아래 유엔사 공동경비구역 경비대대가 이를 이행한다.

경비대대는 승인된 인원에 한해서만 출입이 허가되도록 대성동 작전 지역에 대한 출입을 통제한다. 이를 위해 대성동 작전 지역

4장 대성동 주민으로 살아가기

캠프 보니파스 주변의 깃발들. JSA경비대대의 검문은 대성동으로 가는 두 번째 관문이다.

에 반복적인 상시 출입을 요하는 대한민국 국민들에게 유엔사 군정
위 비서장이 승인하는 비무장지대 임시 출입증을 발급한다. 여기에
는 대성동 주민, 고용된 노무자, 대성동에 거주하지 않는 대성동초
등학교 학생 및 교직원을 포함한다. 또 인가된 방문객, 개인 차량 및
농기계(트랙터, 트럭 및 기타 차량 포함)를 소유한 대성동 주민에게 차
량 출입증을 발급한다. 모든 차량은 외부 전면 좌측에 청색 깃발을
달아야 한다.

경비대대는 승인된 영농지역에서 작업하는 대성동 농민들과
이들이 고용한 인원들을 경호하고 보호하기 위한 경계 병력을 제공
하며 대성동초등학교 학생들을 대상으로 학교까지 왕복 운행하는
통학버스와 문산과 대성동 사이를 운행하는 민간 버스의 비무장지

대 내 운행 시 경계 경호를 제공한다.

경비대대는 대성동 선거 시 (a) 투표소 설치 및 운영 (b) 공정성 보장을 위한 투표 절차 감독 (c) 개표 확인 및 투표 결과 발표 등을 지원한다. 또 대성동 및 인근 영농 지역에서의 모든 공사가 유엔사 규정 551-4에 기술된 비무장지대 공사 승인 절차에 따라 승인된 공사인지의 여부를 확인한다.

유엔사 경비대대의 역할은 대성동 민정중대에 의해 실행된다. 유엔사는 대성동 이장에게 대성동의 전반적인 관리, 후생 및 행정에 관한 책임을 위임하고 있다. 이장은 대성동 내부의 관리 외에 대성동 주민을 대표하여 유엔군 사령관, 대성동 민정중대장, 공동경비구역 한국군 경비대대장, 공동경비구역 유엔사 경비대대장 및 유엔사 군정위 비서장을 상대로 주민들의 이익을 대변하도록 하고 있다. 이장은 대성동 농민들이 일일 야외 작업 계획을 사전에 제출하여 대성동 민정중대의 협조를 받아야 한다. 또 대성동이나 대성동

인솔 차량과 깃발.

4장 대성동 주민으로 살아가기

민정중대 병사.
방문자 보호를 위해 항상 따라다닌다.

초등학교 방문객 및 언론사 방문에 관해서 유엔사와 협조하도록 하고 있다. 언론사의 대성동 작전 지역 출입 신청에 대해 동의·부동의 여부를 유엔사 군정위 비서장에게 건의한다.

정리하자면, 대성동은 미8군사령관-유엔사 군정위 비서장-공동경비구역 경비대대-대성동 민정중대-이장의 위계 체제 아래에 있다. 형식상 그렇다는 거지, 대성동의 전반적인 관리는 이장한테 일임하고 있다. 이장은 주민들에 의해 선출되며 군은 선거 관리만 할 뿐 간여하지 않는다.

## 대성동 주민의 자격 요건

이 규정은 대성동 주민의 자격 요건도 규정하고 있다. 대성동에 거주할 수 있는 자는 정전협정 및 정전협정 후속합의서에 의거해 비무장지대가 설정되기 전부터 이 지역에 거주했던 민간인들로 한정하고 비무장지대 내에서 계속 영농에 종사하는 것을 조건으로 한다.

이들은 상시 거주지를 대성동에 유지하며, 이곳에서 1년 중 최소 8개월(240일)간 거주하는 경우에만 주민 자격을 유지할 수 있다. 1년 중 4개월 이상을 마을 외부에서 거주하는 자는 공동경비구역 유엔사 경비대대장이 허가한 예외적인 경우(입원, 대성동 외부학교 재학, 대성동 외부학교에 다니는 자녀 양육 등)를 제외하고는 대성동에서 거주하고 일할 수 있는 권리를 상실하게 된다. 이러한 예외적인 상황이 발생하는 경우, 공동경비구역 유엔사 경비대대장은 승인에 앞서 이를 유엔사 군정위 수석대표와 유엔사 참모장이 검토할 수 있도록 유엔사 군정위 비서장에게 보고해야 한다.

4장 대성동 주민으로 살아가기

대성동의 인구 변동은 출산, 사망, 합법적인 입양 또는 여성이 혼인을 통해 대성동 외부에서 대성동 원주민의 세대로 편입되는 경우에 발생한다. 유엔사는 혈족 및 상속에 대한 대한민국 법률을 인정한다. 그러나 대성동 내의 시설물, 농지 등 영농권 혹은 재산권을 타인에게 양도하려 하는 경우에는 반드시 유엔군 사령관의 사전 승인을 받아야 한다.

유엔사 군정위가 지자체의 요청을 승인함에 따라, 대성동에 거주하지 않는 대성동초등학교 교직원 및 학생들의 대성동 작전 지역 출입은 허가된다.

대성동 주민은 통상적으로 주간에 대성동 마을과 캠프 보니파스의 브라보 초소 사이, 대성동 마을 내부, 그리고 협조 및 허가된 대성동 영농·어로 지역에서 이동의 자유가 허가되지만, 지정된 구역 외부에 위치한 어로 지역에 출입하거나 그러한 지역에서 이동할 경우에는 유엔사 공동경비구역 경비대대 및 한국군 제1보병사단과의 추가 협조가 필요하다. 대성동 주민이 유엔사 군정위 비서실 및 현지 부대 지휘관의 분명한 허가 없이 판문점(공동경비구역), 중립국감독위원회 스위스·스웨덴 대표단 캠프, 비무장지대 내 군사 기지 및 시설에 출입하는 것은 금지된다. 이를 위반하는 인원은 체포되어 현지 대한민국 정부의 사법기관에 회부되거나, 대성동 주민 자격이 정지 또는 박탈될 수 있다.

위기상황이나 자연재해 발생 또는 군사적 상황 악화 시, 유엔사는 대성동 작전 지역의 모든 비전투 요원을 비무장지대 밖의 안전한 피난처나 대한민국 정부 당국이 통제하는 지역으로 대피하도

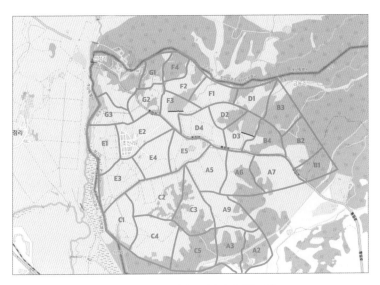

유엔사 규정집(525-2) 11쪽을 바탕으로 재구성한 유엔사 작전 관할 지역.

록 명령하고 지원할 수 있다.

대성동 주민들은 유엔사와 대한민국 정부 지자체 관계자들을 상대로 자신들의 이익을 대변할 수 있는 이장을 주민들 중에서 선출한다. 대성동 이장의 임기는 2년이다.

규정에 따르면 대성동초등학교의 학생 정원은 35명이다. 학생 정원을 늘리려면 대성동초등학교장 혹은 그 상위 직급의 교육청 관계자가 유엔사 군정위 비서장에게 서면으로 신청서를 제출해야 하고, 유엔사 군정위 비서장은 승인에 앞서 유엔사 군정위 수석대표와 유엔사 참모장에게 이를 보고한다. 신청서는 대성동 이장과 대한민국 정부의 관계 당국이 이를 지원하고, 공동경비구역 유엔사 경비대대장이 경계 능력 범위 내에서 지원 가능하다고 판단하며,

4장 대성동 주민으로 살아가기

유엔사 군정위 비서장이 정전협정에 부합한다고 확인하는 경우 승인된다.

대성동 마을에 외부인이 출입하려면 방문 신청서를 방문 희망일로부터 최소 72시간 전까지 (a) 방문 단체의 규모와 구성 (b) 비무장지대 출입 시간 및 출입 지점 (c) 비무장지대 내 방문 지역 (d) 출입 사유 등을 적시하여 제출해야 한다. 이는 대성동 주민이 대성동 민정중대 및 유엔사 공동경비구역 경비대대를 통해 유엔사 군정위 비서장에게 제출해 승인을 받아야 한다.

꼼꼼히 규정을 읽어보면 대성동과 대성동 주민에 대한 미군의 보살핌이 정말 살뜰하다.

## 불변하는 유엔사 규정의 특징

유엔사 규정 525-2는 처음 만들어진 이후 여러 차례 개정된 것으로 알려졌다. 시대와 상황의 변화가 반영된 것으로 추정되지만 미8군 사이트에는 최신판만을 공개하고 있다.

규정을 분석해 보면 애초부터 변하지 않고 유지돼 온 것으로 추정되는 몇 가지 특징이 눈에 띈다.

첫째, 민간인에 대한 불간섭. 전시 규정이 따로 있을 테지만, 평시의 대성동 관리는 철저하게 이장한테 일임하고 있다. 이장이 건의하고 유엔사에서 승인하는 형식을 거칠 뿐이다.

둘째, 인구 증가의 억제. 주민의 자격을 비무장지대가 설정되기 전부터 이 지역에 거주했던 민간인들, 즉 원주민과 그 직계 가족으로 제한하고 있다. 관리의 편의를 위해 외부 인구의 유입을 막은 것으로 추정된다. 분단의 장기화나 출산율 감소 추세는 반영돼 있지 않다.

셋째, 직업의 제한. 규정상 주민은 비무장지대 내에서 영농에 종사하는 것을 조건으로 한다. 주민으로서 DMZ 외부에 직장을 두고 출퇴근할 수 없다. 거꾸로 대성동에서 농업 외의 직업을 영위하려면 외부인이어야 한다는 얘기다.

넷째, 호주제의 유산. 대성동의 인구 변동 요인으로 출산, 사망, 합법적인 입양 또는 여성이 혼인을 통해 대성동 외부에서 대성동 원주민의 세대로 편입되는 경우로 한정하고 있다. 출산, 사망, 입양이 호주제 체제 하의 인구 변동 요인에 해당한다. 결혼에 의한 외부 여성의 유입 허용은 호주제에 따른 불가피한 상황이다. 호주제가 폐지됐는데도 대성동에는 그 잔재가 남아 있는 셈이다.

유엔사 규정 525-2 '대성동 민사 행정'은 미8군 사이트에 공개돼 있다.

# DMZ 주민, 미군

남쪽 비무장지대는 대한민국 땅이지만 그 관할권은 유엔군, 즉 미군에게 있다. DMZ를 획정하고 만든 정전협상 남쪽 당사자가 유엔군이기 때문이다. 한국전 개전 초기에 한국군 전시 작전권이 유엔에게 넘겨진 결과다. 비무장지대 안 대성동 마을 역시 미군 관할이다. 주민 접촉은 한국군 민정중대가 하고 있지만 책임과 권한은 미군 JSA경비대대장이 갖고 있다. 정전협상 결과물인 정전협정이 대부분 효력을 다하고, 남쪽 DMZ 대부분을 한국군이 실질석으로 관리함에도 여전히 미군이 관할권을 행사한다.

## 미군의 DMZ 정찰 활동

지금 주한미군은 주둔지를 대부분 서울 이남으로 이전했다. 30년 전만 해도 경기 북부에 주둔하면서 DMZ 철책선 방어의 일부를 담

2020년 DMZ 문화유산 탐사에 함께하는 미군.

당했다. 그곳은 북의 남침시 주요 통로가 될 길목에 해당하며 병사들은 교전 초기에 집중적인 타격 대상이 될 터였다. 판문점과 오울렛 초소GPO가 상징적인 장소로서 미국 대통령이 방한하면 으레 들르던 곳이다.

따지고 보면 미군 병사도 대성동 사람들과 같은 DMZ 주민이었다. 주거 기간이 짧고 역할이 다르지만 그곳에 머물기는 마찬가지다. 짧은 머묾과 다른 역할도 40여 년에 걸친 DMZ 생태계의 일부였다.

대성동과 인접한 DMZ에서 복무했던 미군 활동은 어떠했는가. 마크 히스코Mark Heathco가 쓴 《콜사인: 퍼플 쓰리, 한국 DMZ 미군 관할 지역 정찰Call Sign: Purple Three, Patrolling The US Sector of The Korean DMZ》(lulu publishing services 펴냄, 2018)을 보면 그 일부를 알 수 있다.

4장 대성동 주민으로 살아가기

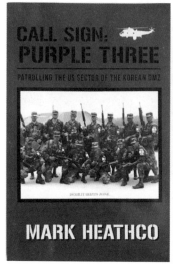

Sergeant Heathco, patrol leader and Sergeant Hines,

마크 히스코의 《콜사인》. 사진 왼쪽이 지은이다.

이하 내용은 이 책을 바탕으로 한 기술이다.

지은이 히스코는 1978~1991년 한국에 주둔한 미 제2보병사단에서 복무한 예비역 병장이다. 그는 정찰대 리더로서 385차례 DMZ를 정찰한 바 있다. 이야기는 1985년 가을 DMZ 정찰 활동을 기준으로 기술한다. DMZ 미군 담당 구역은 1991년 10월 1일까지 제2보병사단이 담당하다가 현재는 한국군에게 이양돼 있다.

미군 병사는 DMZ 정찰에 투입되기 전 3개월간의 훈련을 거친다. 부대는 동두천 기지에서 출발해 임진각, 임진강 자유의 다리, 캠프 그리브스를 거쳐 도라산 근처 워리어 베이스(텐트 시티)에 주둔한다. 부대가 이동할 때는 북측이 그 사실을 알지 못하도록 차량 간 무선 통신을 하지 않고 플래시 수신호로 교신한다. 하지만 어떤 경

옛 캠프 그리브스. 지금은 유스호스텔로 쓴다.

로인지 알 수 없으나 부대 이동 사실을 북측에서 알아채고 확성기
를 통해 환영 방송을 한다고 한다.

주둔지로 가기 위해 지금은 사용하지 않는 자유의 다리를 건너
는데, 지프 1대가 지날 수 있는 1차선이어서 일방이 통행하면 건너
편에서는 기다려야 한다. 자유의 다리 상판이 철도 침목으로 되어
지나갈 때마다 삐걱거린다. 철교 상부 철골 트러스는 빛바랜 청색
으로 곳곳에 기관총 구멍이 뚫려 있어 그곳에서 맹렬한 사격이 있
었음을 짐작할 수 있다. 워리어 베이스는 DMZ 순찰을 위한 준비
장소로서, 그곳에 1개 대대 병력이 90일간 순환 근무했다. 워리어
베이스는 300×400미터 넓이로 3중 철조망이 둘러쳐져 있다. 1개
정찰대는 통상 12명으로 운용된다. 이들은 주둔지에서 차량으로 담

4장 대성동 주민으로 살아가기

당 구역으로 이동해 도보로 정찰하며 정전협정 위반에 해당하는 비정상적인 광경이나 활동을 탐지하여 보고한다. 여기에는 인민군의 동태, 터널 공사로 의심되는 지상·지하의 폭발음, 북쪽 철조망에서 내비치는 플래시 불빛, 또는 확성기의 비정상적인 음향이 포함된다.

작전 시 전투복의 이름표와 계급장은 가리거나 떼어낸다. 인민군이 계급, 성명, 소속을 알아보지 못하도록 하기 위해서다. 반드시 민정경찰 완장을 차야 하는데, 길이 10인치(약 25센티미터), 너비 7인치(약 18센티미터) 크기이며 검은 바탕에 흰 글씨 영문 'DMZ MP,' 그 아래 같은 뜻의 한글표기를 한다. 인식표는 소리가 나거나 빛이 반사되지 않도록 테이프로 감는다. 탄띠에 부착하는 탄창 주머니, 수통과 수통 주머니, 구급대, 대검 따위는 낙하산용 550끈으로 고정하여 작전 중 분실을 막는다. 북측이 미군 순찰대 장비를 입수하면 군사분계선 이북에서 발견했다며 미군이 정전협정을 위반한 증거라고 주장할 수 있기 때문이다. 장비를 분실할 경우 되찾을 때까지 작전을 종료하지 못한다. 왼쪽 어깨끈 위쪽에 바늘구멍 크기의 사각형 형광 테이프를 붙인다. 야간 작전 때 인원 체크를 할 때와 인민군이 미군 정찰조에 끼어들었는지를 확인할 때 활용한다. 1인당 탄창 7개가 기본이며 크레모아 지뢰(시상에 수시로 설치, 제거할 수 있는 휴대형 지뢰. 폭발하면 전방으로 철파편이 비산하여 살상력이 크다.) 2개, 백, 적, 녹 연막 수류탄 및 신호탄을 소지한다.

이들의 정찰 구역은 오울렛 GP와 콜리어 GP 사이의 사각지대인 '침투 계곡'Infiltration Alley이었다. 어룡 저수지 북서쪽 끝 양수장이 포함된다. 이곳은 인민군이 저수지 북동쪽에서 야간에 수중, 또는 수상으로 침투해 날이 샐 동안 은신하는 곳으로 의심되는 장소다. 그들은 그곳을 경유하여 침투 계곡 어딘가에 은신하여 정찰조를 따돌리고 대성동 마을, 돌고래머리(지도에 돌고래머리처럼 보이는 부분) 북쪽을 거쳐 인민군 GP OOO 또는 XXX로 이동한다는 수차례 보고가 있었다고 한다. 지은이는 "이를 직접 목격한 적이 없지만 동료 순찰병들의 보고를 믿는다."면서 "미군 정찰병들의 목격담이 있는데도 대대 정보과나 워리어 베이스에서 심각하게 받아들이지 않는다."고 썼다. 히스코의 기록에는 북측 정찰대와 미군 정찰대의 충돌 사건은 없다.

미군 정찰대는 스위스, 스웨덴 중립국 감시위원들의 거주지를 지나치는데, 그는 개인적으로 여기에 그들 외에 JSA신속대응군 또는 판문점 경비병력을 보강하는 소대 병력이 주둔하는 것으로 판단한다.

순찰 구역 내 어룡리에는 전쟁 중에 파괴된 마을 흔적이 있다. 4.5미터 오석으로 된 마을 표지석에는 소총 또는 기관총 탄흔이 있다. 땅속에 묻힌 3개의 갈색 김칫독이 있어 한 사람이 들어가 숨을 수 있는 크기라고 한다. 또 1.8미터 화강암으로 된 불상도 있다. MDL에서 50미터 떨어진 '못생긴 손가락scary finger' 지점은 취약지. 인민군 GP OOO, XXX, YYY에 노출돼 있어 조심해야 하고 부근에 세워진 MDL 표지판은 북이 그들에게 유리하도록 위치를 이동하는 사례가 있어 주의를 기울여야 한다고 썼다. 주간 정찰은 대략 5시간 소요된다.

야간 정찰은 밤 10시 30분에 시작해 3군데서 2시간씩 매복하며 4시 30분에 끝난다. 북쪽에서는 특별사단 구역인데, 그들은 잘 훈련되고 장비를 잘 갖췄다고 한다. 그들은 마지막 훈련으로 미군 담당 지역을 침투하여 미 순찰대의 활동을 탐지하고 그 정보를 활용하여 북으로 복귀하는 과정을 거친다. 그들은 미군 복장에 소형 배낭을 메고 있으며 매우 대담하여 미군 매복 팀에 바로 육박할 수 있다. 검정색 옷에 수류탄을 넣은 허리춤 주머니를 차기도 하는데 여분의 실탄과 대검 등 최소한 3가지 보조 무기를 소지한다. 이들은 잠수복을 입고 저수지 또는 논에 은신하거나 위장 참호를 활용한다. 3~5인조로 활동하며 3명이 월경하고, 2명은 복귀하여 순찰을 감시하고 귀순을 방지한다.

지은이는 오울렛 GP에서 후문과 9번 벙커를 멀리하라고 충고한다. 그곳은 철조망이 분계선과 인접한 탓에 괴소문이 돈다는 것이다. 한국인 카투사가 9번 벙커에서 잠들었을 때 인민군이 침투하여 목을 잘라갔다는 소문이다. 그는 "진짜인지 묻지 말라, 다만 개연성 있다는 사실"이라고 썼다. (《악마의 운동장 THE DEVEL'S PLAYGROUND》 (블룸필드 지음, 라이온스 프레스 펴냄)을 보면, 오울렛 주둔 미군 가운데 목에 철 보호대를 차고 잠을 잔다고 말하는 병사가 나온다.)

## 북의 무장 침투 사건

또 다른 괴소문이 있다. 영어를 아주 잘하는 북쪽 병사가 있어, 정찰대가 오울렛 GP를 출입할 때 분계선 저쪽 숲에 숨어 있다가 말을 걸며 주의를 흐트린다는 것이다. 미군들 사이에는 '싱잉 샘'으로 알려져 있다.

명심할 것은 DMZ 교전 규칙이다. 발포 요청을 하기 전에 3가지 다른 소스가 있어야 한다. 예컨대 정찰팀 3명이 동시에 목격했다면 발포 허가를 요청할 수 있다. 발포는 반드시 대대장의 승인이 있어야 하며 분계선 북쪽을 향해서는 안 된다. 주간 순찰 중 총구를 북쪽으로 향해서도 안 된다. 분계선 50미터 이내일 때는 전방에 미확인 인명을 확인해도 북쪽으로 총을 쏠 수 없다. 다만 총격을 받았을 경우 대대장의 승인을 얻어 발포할 수 있다. 크레모아 발사는 예외다. 미확인 인명이 크레모아 살상 범위에 들어오면 폭파할 수 있다. 북에서 지뢰 폭발인 줄 알기 때문이다.

정찰대는 대성동 사람들을 검문할 수 있다. 주민들은 주간에 오후 6시까지 논에서 영농 활동을 할 수 있다. 대성동 주민은 주간에 DMZ 분계선 남쪽에서 어디서든 농사를 지을 수 있다. 하지만 영농 활동을 할 때 주민들은 다달이 색깔이 다른 야구 모자를 쓰도록 돼 있다. 야간에는 집 안에 머물러야 한다. JSA에서 발급하는 출입증은 한 달간 유효한데 다달이 색깔을 달리한다. 미군은 출입증 색깔, 유효 기간, 부대장 사인을 확인한다. 지은이는 대성동 주민에 대한 검문이 그들을 괴롭히려는 게 아니라 그들이 북한 사람이 아님을 확인하는 것이라고 말한다. 주민들 중 이런 규정을 어겼을 때 미군은 이들을 체포할 수 있다. 만일 대성동 주민이 달아난다면 발포해서는 안 되며 추격해서도 안 된다. 다만 대대 TOC^Tactical Operation Center에 보고하여 그들이 처리하게끔 한다. 대성동 주민이 먼저 싸움을 촉발하면 체포 가능하며 무기를 사용하려 하면 발포할 수 있다.

　　　　　　　　　　　4장 대성동 주민으로 살아가기

지은이는 잊히기 일쑤인 미군의 DMZ 활동을 기록으로 남기고, 이를 치하하려는 목적에서 이 책을 썼다고 한다. 히스코는 "Korea: Land Of The Morning Calm"이라는 부제의 《데프콘 4DEFCON 4》라는 소책자를 썼다. 일종의 픽션인데, 비무장지대를 이용해 침투하여 미군 부대 주변 유흥 시설에서 활동하며 군사 기밀을 탐지하는 간첩단을 일망타진하는 내용이다. 대성동 마을의 어떤 집 지하까지 파고들어 온 땅굴을 통해 북쪽 여성들을 남파시킨다는 건데, 일부 미군들 사이에 대성동과 대성동 주민을 회색으로 바라보는 시각이 없지 않음을 보여주는 징표로 보인다.

미군의 DMZ 정찰 활동 가운데 유의점 몇 가지는 실제 DMZ에서 발생한 사건에서 비롯한다. 1968년 4월과 6월 판문점 회의장 북쪽 전등이 모두 꺼진 사례가 있었다. 전 유엔사 특별고문 제임스 리가 쓴 《JSA-판문점 1953~1994》에 나오는 사건이다. 4월 14일 밤 11시경 북측 무장 침투 요원들이 판문점 회의장 입구에서 얼마 떨어지지 않은 대성동 마을 입구에서 판문점으로 들어가는 유엔사 트럭을 습격해 미군 2명을 살해했다. 그리고 1시간 뒤 판문점 회의장 북쪽 전등이 모두 꺼졌다. 제임스 리는 "미군 등을 살해한 무장 침투 요원이 북으로 귀환하는 것을 돕기 위해 일부러 불을 끈 것으로 판단된다."고 썼다. 같은 해 6월 20일에도 저녁 8시 40분경 '돌아오지 않는 다리' 건너편 북쪽에 3명의 수상한 무장 요원이 목격되자 5분 뒤 판문점 회의장 북쪽 전등이 모두 꺼졌다. 제임스 리는 "그것은 무장 침투 요원에게 보내는 신호일 가능성이 컸다."고 썼다.

북은 그해 11월 21일 비서장회의에서 강력한 탐조등으로 유

탐조등으로 유엔 쪽 비서장의 눈을 비추는 북쪽 인물.
《JSA-판문점 1953~1994》

엔 쪽 비서장의 눈을 정면으로 비추는 행패를 부렸다. "당신한테 불을 비추면 당신도 회의에서 정상적으로 일할 수 있느냐."며 놀려댔다. 유엔 쪽이 판문점 회의장 유엔사 쪽 기자 대기실 옥상에 강력한 탐조등을 설치하고 건너편 북쪽 초소를 환히 비춰 북쪽 경비원들의 근무에 지장을 주고 있다는 것. 유엔사 비서장은 유엔사 쪽 안보를 위해 꼭 필요한 등이기에 그대로 남겨둘 것이라고 응답했다고 한다.

분실물 주의도 마찬가지다. 1967년 2월 10일 정전위 제241차 본회의가 있었다. 이 회의는 일주일 전인 2월 2일 인민군 여러 명이 동부전선에서 군사분계선을 넘어와 국군 초소 203호에 무장 공격을 했는데, 쌍방 교전으로 인민군 1명이 사살된 사건을 두고 유엔사 쪽에서 북쪽에 정전협정 위반을 항의하기 위해 소집됐다. 북쪽은 오히려 국군이 무장간첩 3명을 침투시켰다고 억지를 부린 뒤 증거

4장 대성동 주민으로 살아가기

물로 노획한 미제 카빈총 1정을 제시했다. 유엔 쪽에서 카빈총의 총기 번호를 확인하고 서울 사령부에 조회한 결과, 북쪽은 당황하여 꼬리를 내렸다. 그 카빈총은 4개월 전인 1966년 10월 21일 서부 전선 DMZ 안에서 국군 식량 운반 차량을 북 무장 침투 요원들이 기습해서 국군 사병 6명을 사살하고 3명을 부상시킨 뒤 그 현장에서 탈취해 간 카빈총 가운데 하나였던 것이다. 그로써 전해의 북쪽 무장 침투 사건이 확인되고, 북이 주장한 국군 무장 침투 사건이 조작됐음이 드러났다. (앞서 기술한 바와 같이 이 책의 저자는 1978~1991년에 한국에 주둔했고, 지금은 이러한 정찰활동을 하지 않는다.)

# 늙어가는 마을

파주시 군내면 인구는 602명(2018년 기준)으로 진동면(165명)과 함께 1천 명 미만의 군소 지역이다. 운정3동(69,098명), 운정2동(57,496명), 문산읍(49,400명)과 비교하면 그 규모가 대비된다. 군내면과 진동면은 모두 민통선 안쪽에 위치하며 인위적으로 조성한 대성동 마을과 통일촌, 해마루촌이 각각 자리 잡고 있다.

대성동(행정구역 군내면 조산리) 인구는 164명(2018년 기준). 이를 나이대별로 보면, 0~14살 5명, 15~29살 2명, 30~39살 6명, 40~49살 4명, 50~64살 8명이며 65세 이상이 139명이다. 인구 재생산에 해당하는 유소년 인구(0~14살)가 5명으로 3퍼센트에 불과하고 생산 가능 인구(15~64살) 역시 12퍼센트에 지나지 않는다. 반면 65살 이상의 노령 인구가 전체의 84.7퍼센트를 차지한다.

유소년 인구, 생산 가능 인구, 노령 인구의 파주시 평균이 각각

　　　　4장 대성동 주민으로 살아가기

|  | 총 | 0~14 | 15~29 | 30~39 | 40~49 | 50~64 | 65이상 |
|---|---|---|---|---|---|---|---|
| 파주시 | 451,848 | 71,048 | 80,287 | 69,985 | 79,093 | 93,296 | 58,139 |
| 군내면 | 602 | 21 | 31 | 26 | 42 | 76 | 406 |
| 조산리 | 164 | 5 | 2 | 6 | 4 | 8 | 139 |
| 백연리 | 438 | 16 | 29 | 20 | 38 | 68 | 267 |
| 운정3동 | 69,098 | 13,268 | 11,729 | 11,776 | 13,842 | 12,222 | 6,261 |

파주시 연령별 인구 분포 비교. (파주시 발행 〈2018. 12. 31. 기준 주민등록인구통계보고서〉)

15퍼센트, 71퍼센트, 12.8퍼센트인데 비해 노령 인구 비율이 무척
이나 높고 유소년 인구 비율은 턱없이 낮다. 아파트가 많이 들어선
운정3동(19퍼센트, 71.7퍼센트, 9퍼센트)과 비교하면 노령화 현상이 더
도드라진다.

### 가부장제 때문에 일어나는 인구 유출

이처럼 대성동의 고령화가 심각해진 것은 저출산에 기인한 바 크지
만 그보다도 신규 인구의 진입이 원천적으로 차단된 데 있다. 대성
동을 관할하는 유엔사령부는 유엔사 규정 525-2 '군사 작전 대성동
민사 행정'을 통해 대성동 거주민의 조건을 "비무장지대가 설정되
기 전부터 이 지역에 거주했던 민간인들"로 한정하고 있다. 외부인
의 전입은 애초부터 고려되지 않았다.

　　인구 변동은 출산, 사망, 합법적인 입양 또는 여성이 혼인을 통
해 대성동 외부에서 대성동 원주민의 세대로 편입되는 경우로 규정
한다. 인구 감소 요인은 사망 하나뿐 출산과 입양, 가임 여성의 혼인
에 의한 세대 편입 등 인구 증가 요인이 많다. 하지만 실제론 그렇

지 않다. 원주민한테서 출생한 여성은 궁극적으로 주민 자격을 잃는다. 결혼하면 마을에서 나가기 때문이다.

대성동 마을이 강릉 김씨 집성촌인지라 주민들 다수가 동성동 본이거나 사돈에 팔촌으로 친척 관계이기에 배우자를 외지에서 구해야 한다. 원주민 남성의 경우도 마찬가지다. 하지만 여성은 남편을 따라 외지에 나가 살아야 하는데 남성은 배우자를 마을로 데려올 수 있다. 유엔사 규정이 그렇기 때문이다.

원주민 소생의 남녀 비율이 1대1이라고 가정하면 결혼에 의한 인구 변동은 없는 셈이다. 입양이 사실상 이뤄지지 않는 점을 고려하면 인구 변동의 핵심은 출산율이다. 한국은 지속적으로 출산율이 떨어져 왔고 대성동도 예외가 아니다. 줄여 말하면 대성동 인구의 자체 증가율은 0 이하다.

여기에 유출 요인은 많다. 대성동 주민일지라도 1년 중 4개월 이상 마을 외부에 거주하게 되면 주민 자격을 박탈당한다. 외부 병원에 장기 입원하거나, 외부 학교로 진학한 학생과 그 뒷바라지를 해야 하는 경우 등 불가피한 때에 한해 예외를 인정할 따름이다. 외부에 취업해 생계를 꾸리면 주민 출입증을 반납해야 한다.

이에 따라 대성동 인구는 사망 등 자연 감소 외에 외부 이주에 따라 꾸준히 감소해 왔다. 현재 65세 이상의 노령층은 정전협정 이후 대성동을 일궈온 1세대에 해당하며 그들을 뒷받침할 만한 2, 3세대가 턱없이 부족한 현실이다. 이는 파주시 인구가 2010년 9.9퍼센트 큰 증가폭을 보였고 2011년 이후 증가세가 둔화되기는 하지만 1.7~3.3퍼센트의 증가율을 보이고 있는 것과 대비된다.

정전협상이 진행될 당시 대성동 마을이 중립 지대에 포함되면서
주민들은 되레 전쟁을 경험하는 역설적인 상황이 된다.
전투 행위가 벌어지지 않은 대신
남북 간 정보 전쟁의 한가운데 놓이게 되었기 때문이다.

# 자기 땅에 유배된 난민

'대성동 자유의 마을'은 한국전쟁 이후 만들어졌다. 전쟁 전에도 마을은 존재했지만 옛 터전은 말끔하게 지워졌다. 전쟁 뒤 비무장지대 안에 남겨진 유일한 마을이 되면서 운명이 바뀐 것이다. 몇 차례 정부 개발을 통해 대북 선전 마을로 조성됐다. 한국전쟁이 국제적인 전쟁으로 확대된 탓에 그 결과로 조성된 대성동 마을 역시 국제적인 마을이 됐다.

## 북측이 먼저 제안한 민간인 마을 조성

대성동 마을의 첫 단추는 정전협정에 의해 꿰어졌다. 1953년 7월 27일 체결된 정전협정 제1권(제7, 8, 9, 10, 11항) 및 정전협정 후속합의서에서 민간인의 비무장지대 출입이 허용되었다. 그에 따른 조처로 8월 3일 제6차 군사정전위원회 회의에서 후속합의서가 체결돼

5장 대성동 사람들

대성동 설정과 마을 주민 명부 정기 보고를 명문화했다. 10월 19일 제25차 군사정전위원회 회의에서도 이와 관련한 후속합의서를 체결한 바 있다.

특이한 것은 비무장지대 내의 민간인 마을 조성 문제를 북쪽에서 먼저 제의한 점이다. 이 의제는 8월 1일 열린 군사정전위원회 제5차 회의에서 처음으로 거론됐다. 제5차 회의록 가운데 관련 발언을 보면 다음과 같다.

**인민군&중공 의용군** : 정전협정 제9조의 항목에 따르면, 일반적으로 민간인은 군정위의 특별 인가를 받지 않으면 DMZ 출입이 허용되지 않는다. 그 조항이 엄격히 적용되면, DMZ 거주민은 필연적으로 DMZ 외부와 단절되어 생계를 유지할 수 없다. 살아가는 데 극심한 불편 또는 어려움을 겪을 것이다.

따라서 DMZ 거주민은 군사분계선은 넘지 않지만, 생계 때문에 그들이 거주하는 DMZ의 남방 또는 북방한계선을 끊임없이 통과해야 하므로 그들이 속한 진영을 통해 군사정전위원회에 출입을 신청하게 하고, 군정위가 최종 허가할 수 있도록 제안한다. 그렇게 허가를 받은 거주민은 일정한 기간 안에 DMZ에 출입할 때마다 특별 인가를 신청할 필요 없이 출입할 수 있다. 우리 쪽은 이러한 제안에 대한 귀측의 견해를 듣고자 한다.

**유엔** : 귀측의 제안을 접수했다. 검토 뒤에 답변하겠다.

북쪽의 발언 요지는 "정전협정에 따르면 민간인들은 군정위에서 특

## 군사정전협정

국제연합군 총사령관을 일방으로 하고 조선인민군 최고사령관 및 중국인민지
원군 사령원을 다른 일방으로 하는 한국 군사정전에 관한 협정 · 1953년 07월 27일

### 해 제

군사분계선과 포로교환문제로 난항을 거듭한 가운데 1953년 7월 27일 유엔군
수석대표 해리슨 중장과 공산군 측 대표 남일이 3조 63항의 정전협정문에 서명함
으로써 6.25전쟁은 '정전'이라는 이름으로 일단 봉합됐다.

### 서 언

국제연합군총사령관을 일방으로 하고 북한인민군최고사령관 및 중국인민지원
군 사령관 및 중국인민지원군사령원을 다른 일방으로 하는 하기의 서명자들은 쌍
방에 막대한 고통과 유혈을 초래한 한국에서의 충돌시키기 위하여 서로 최후의
평화적 해결이 달성될 때까지 한국에서의 적대행위와 일체 무력행위의 완전한 정
지를 보장하는 정전을 확립할 목적으로 하기조항에 기재된 정전조건과 규정을 접
수하며 또 그 제약과 통제를 받는데 개별적으로나 공동으로나 또는 상호간에 동
의한다. 이 조건과 규정의 의도는 순전히 군사적 성질에 속하는 것이며 이는 오직
한국에서의 교전양방에만 적용한다.

### 제1조 군사분계선과 비무장지대

1. 한 개의 군사분계선을 확정하고 쌍방이 이 선으로부터 각기 2km씩 후퇴함으로
써 적대 군대간에 한개의 비무장지대를 설정한다. 한개의 비무장지대를 설정하여
이를 완충지대로 함으로써 적대행위의 재발을 초래할 수 있는 사건의 발생을 방
지한다.

---

63. 제1조를 제외한 본 정전협정의 일체 규정은
1953년 7월 27일 2200시부터 효력을 발생한다.

1953년 7월 27일 1000 시에 한국 판문점에서
영문, 한국문 및 중국문으로써 작성한다. 이 세가지 글의 각
협정 문본은 동등한 효력을 가진다.

조선민주주의인민공화국 최고사령관      중국인민지원군       국제연합군 총사령관
조선민주주의인민군 원수 김일성          사령원              미국 육군 대장
                                        팽덕회              마크 더블유. 클라크

첨 석 자

조선인민군 및                                         국제연합군 대표
중국인민지원군 대표단 수석대표                         수석 대표
조선인민군 대장                                        미국 육군 중장
남일                                                  윌리암 케이. 해리슨

---

## KOREAN ARMISTICE AGREEMENT

Agreement between the Commander-in-Chief, United Nations Command,
on the one hand, and the Supreme Commander of the Korean People's Army
and the Commander of the Chinese People's volunteers, on the other hand,
concerning a military armistice in Korea.

### Preamble

The undersigned, the Commander-in-Chief, United Nations Command,
on the one hand, and the Supreme Commander of the Korean People's Army
and the Commander of the Chinese People's Volunteers, on the other hand, in
the interest of stopping the Korean conflict, with its great toll of suffering and
bloodshed on both sides, and with the objective of establishing an armistice
which will insure a complete cessation of hostilities and of all acts of armed
force in Korea until a final peaceful settlement is achieved, do individually,
collectively, and mutually agree to accept and to be bound and governed by
the conditions and terms of armistice set forth in the following articles and
paragraphs, which said conditions and terms are intended to be purely military
in character and to pertain solely to the belligerents in Korea:

### Article I    Military Demarcation Line and Demilitarized Zone

1. A military demarcation line shall be fixed and both sides shall
withdraw two (2) kilometers from this line so as to establish a demilitarized
zone between the opposing forces. A demilitarized zone shall be established as
a buffer zone to prevent the occurrence of incidents which might lead to a
resumption of hostilities.

---

### ARTICLE V
### MISCELLANEOUS

61. Amendments and additions to this Armistice Agreement
must be mutually agreed to by the Commanders of the opposing
sides.

62. The Articles and Paragraphs of this Armistice
Agreement shall remain in effect until expressly superseded
either by mutually acceptable amendments and additions or by
provision in an appropriate agreement for a peaceful settlement
at a political level between both sides.

63. All of the provisions of this Armistice Agreement, other
than Paragraph 12, shall become effective at 2200 hours
on 27 JULY 1953.

Done at Panmunjom, Korea, at 1000 hours on the
27th day of JULY , 1953, in English, Korean, and
Chinese, all texts being equally authentic.

KIM IL SUNG
Marshal, Democratic
People's Republic
of Korea
Supreme Commander,
Korean People's Army

PENG TEH-HUAI
Commander,
Chinese People's
Volunteers

MARK W. CLARK
General, United States
Army
Commander-in-Chief,
United Nations
Command

### PRESENT

NAM IL
General, Korean People's Army
Senior Delegate,
Delegation of the Korean People's
Army and the Chinese People's
Volunteers

WILLIAM K. HARRISON, JR.
Lieutenant General, United States
Army
Senior Delegate,
United Nations Command Delegation

---

한국어와 영문 정전협정. 각각 1쪽과 서명 페이지.

1953년 7월 휴전협정을 조인하는 유엔군 사령관과 북한 측 대표. (국가기록원)

별히 허가하지 않으면 DMZ를 출입할 수 없는데, DMZ 주민들의 생계가 불편하거나 곤란하다. 분계선 남북에 거주하는 DMZ 주민들은 남북방한계선을 통과할 때마다 군정위 허락을 받아야 한다. 군정위는 한 차례 허용만으로 지속적인 효력이 있도록 조처하기를 제안한다."이다. 이에 유엔 측은 그 제안을 검토 후에 조만간 답변하겠다고 말했다.

8월 3일 열린 제6차 회의에서 유엔은 북쪽의 제안을 수락하되 출입 허가에 기간 제한을 두어야 하며 분계선을 넘지 않아야 한다는 조건을 달았다. 그리고 이에 해당하는 남쪽 주민은 260여 명이라며 북쪽 주민이 얼마나 되는지 알려달라고 말했다. 자세한 문제는 영관급 차원에서 진행토록 하자면서 유엔 측 담당자 이름을 통고했다. 북쪽은 이에 동의하고 비서를 통해 유엔 측 담당 장교에게 알려주겠다고 말했다.

유엔 : DMZ 거주 민간인이 매번 특별한 허가를 받지 않고도 DMZ를 출입할 수 있어야 한다는 귀측의 제안에 원칙적으로 동의한다. 그렇지만 우리 의견은, 그러한 허가가 정전협정 발효일 현재 DMZ 거주 민간인으로 제한되어야 하며 명백한 시간 제한을 두어야 하고, 군사분계선 통과는 허용하지 않아야 한다는 것이다. 현재 군사분계선 남방 DMZ 거주민은 260여 명이다. 우리 쪽은 군사분계선 북방 DMZ 거주민 숫자를 알고자 한다. 귀측이 동의한다면 세부 사항은 장교급 회담에서 논의하기를 제안한다. 우리 쪽 담당 장교로 멧카프 대령을 지명한다.

5장 대성동 사람들

인민군&중공 의용군 : DMZ 거주 민간인들의 생계를 위한 DMZ 출입에 관한 우리 쪽 제안에 귀측이 동의했음을 접수한다. 특별한 세부 사안은 장교급 회담에서 해결해야 한다는 귀측의 견해에 동의한다. 우리 쪽 비서를 통해 귀측 담당 장교에게 통지하겠다.

## 전쟁도 피난도 남의 일

대성동 주민들에게 '자유의 마을' 조성 전후, 즉 한국전쟁과 정전협정 이행 국면에서 빚어진 일들은 심리적 상처로 각인돼 있다. 한마디로 요약하면 그들은 자기 땅에 유배된 '난민'이었고, 지금도 그렇다. 《경기도 DMZ, 자유의 마을 대성동》(경기문화재연구원, 2014년)에 채록되어 실린 주민들의 증언을 토대로 이를 살펴보자.

그들은 한국전쟁 발발 당시 그 사실을 알지 못했다. 인민군들이 대성동 옆으로 난 국도를 따라 남진하는 것을 보고 비로소 무슨 일이 터진 줄 알게 된다. 전선이 급속하게 남하하면서 그들에게 피난은 무의미한 일이었다. 피난은 이듬해 1·4후퇴 때 일시적으로 이뤄졌을 뿐이다.

"피난을 못 갔는데, 6·25 나는 것도 몰랐어. 송악산에서 새벽에 탕탕대는 소리 조금 나는데 나중에야 전쟁인지 알게 됐지. 다음날에. 도로에 인민군들이 깃발 들고 가는 거 보고 전쟁 난지 알았지. 1·4후퇴 때는 다 피난 갔는데 나는 안 나갔어. 가지고 갈 게 없어서 굶어 죽을까 봐 안 나갔지." __박필선

박필선 어르신. 뒤 초상사진은 김중만 작가의 작품이다.

"6·25가 음력으로 5월 10일 날인가 났는데, 그날 또 내 사촌동생을 낳았지 뭐야. 그래 가지구 우리 고모부네가 피난을 못 나갔다가 1·4후퇴 때 나갔어. 식구를 버리고 갔으니까 금방 수소문해서 들어와 가지구 저놈들한테 붙들려 갔다니깐. 우리 고모부도. 우리 아버이(남편)두 피난 나가서 고상 많이 하고 들어왔는데, 안 들어왔으면 차라리 그런 모욕을 안 당했는데."(그의 남편은 켈로부대 보초를 서다가 중공군 기습을 받아 총상을 입었다.) ─김○예, 1938년생

그들이 전쟁을 체험한 것은 남하했던 전선이 북상했다가 재차 남하하여 38선 부근에서 진퇴를 거듭하던 무렵이다. 정전협정이 진행되던 기간에 해당한다. 이때 주민들은 사천 전투를 지근거리에서 지켜보았으며 비행기 공습과 방공호 생활을 뚜렷이 기억하고 있다. 그들은 전쟁 중에도 먹고 살아야 했고, 결혼도 했다.

"(초등학교) 3학년쯤 다니니까 6·25가 났잖아. 그래가꾸 겨우 국문 글자만 아는 거지 뭐. 비행기가 막 뜨면 폭격하니까 방공구뎅이로 들어가구 책가방도 그곳에 갖다 넣었는데, 저 이북 사람들이 막 와서 책이 있으니까 가져가버렸어." ─홍○슈, 1935년생

"그리구 소도 이 동네에서 집집마다 다 있었드랬잖아요. 다 그냥 폭격할 때 죽구 세 마린가 남았어. 다 죽구. 그래서 세 마리 가지구 동네에서 다 빌려다 쓰구 그냥. 그때는 뭐 농사가 많아? 비행기 지랄을 하구 그러니깐. 아 그 비행기가 저 마산(혼비 힐, 36초소

208

로 추정됨)을 가지고 서로 가질려구 싸웠잖아요. 결국은 저눔들이 뺏었지. 도라산에 구뎅이(땅굴) 있잖아요. 거기서부터 파 들어간 거지." __김O예

"음력 7월 열엿새 날에 (시집) 온 거지. 1·4후퇴 지나구 휴전협정 허기 전에. 그냥 막 총 쏘구 붙들어 가구 그럴 제야. 할아버지 친구 양반이 여기 계셔서 다니시다가 마땅한 데 있으니 어서 시집 보내라구, 그래가지구 이리 오게 된 거예요. 열아홉 살 때야. 영감은 스무 살이구. 무슨 가마가 있어. 그냥 감바우에서 여기를 걸어서 왔지. 결혼식을 시집에 와서 자구 한 거야. 그래두 쪽두리는 쓰고 했어." __권O순, 1934년생

## 정보 전쟁의 한가운데

정전협상이 진행될 당시 대성동 마을이 중립 지대에 포함되면서 주민들은 되레 전쟁을 경험하는 역설적인 상황이 된다. 전투 행위가 벌어지지 않은 대신 남북 간 정보 전쟁의 한가운데 놓이게 되었기 때문이다. 당시 마을에는 미군 정보부대인 켈로부대 파견대가 주둔하여 주민들을 정보원, 또는 보초 근무자로 이용했다. 켈로부대는 주로 한국인으로 구성돼 민간인 복장으로 전선을 넘나들며 정보를 수집하거나 게릴라 활동을 펼쳤다. 마을 주변에 18개 초소를 운영했다고 한다. 북쪽에서는 중공군이 켈로부대를 습격하는 일도 잦았다. 연로한 주민 대부분은 이때 겪었던 힘들었던 기억을 갖고 있다. 가족이나 친인척 중 죽거나 다친 사례가 다수 보인다. 정보원으로

의심받지 않을 불구자를 남북 쪽에서 공히 정보원으로 활용한 정황도 보인다. 켈로부대는 정전협정 체결과 함께 마을에서 철수했다. 장티푸스가 유행했다는 증언도 있다.

"휴전 때 1개월 정도 나가 있다가 도로 들어왔지. 초가집 같은 움막이 그대로 있었어. 한 20여 호 정도 마을이 그대로 있었어. 노인들이 조금 농사짓고 연명했지. 이 마을에 정보기관이 있었어. 그 건물에 총 들고 보초를 섰지. 하루에 보초 1곳에 2명씩 나가서 밤새 교대하면 밝을 때까지 일고여덟 곳 정도 보초 서는 곳이 있었어." _박필선

"보초 설 때 비번 날 기관 사람들하고 자는데 중공군이 들어왔어. 중공군이 우리들 자는 방으로 들어온 거야. 어두우니까 전깃불을 비춰서 따발총을 쐈어. 다른 아이가 손을 맞았어. 내 옆에 자는 사람은 목을 누르고, 나는 가만있는데 다른 놈이 나한테 오더라고. 내 팔을 잡고 문 있는 데로 끄는데 내가 먼저 벌떡 일어나서 문쪽으로 나가면서 문틀을 잡고 그 놈을 방 안으로 처넣고 도망갔어. 그 틈에 옆에 목 눌렸던 사람은 뛰쳐나와 살았어." _박필선

"우리 아버지가 불구예요. 6·25땐데, 똥그랑 산 있는데 베를 비러 갔어. 그랬는데 그 놈들이 잡아갔잖아. 그런데 여길 돌려보냈어. 9월 4일인가 붙들려 가가지구 11일인가 왔어. 여기 누군가 잔치 보구 16일인가 아침에 새벽같이 보낸 거야. 여기 군인들이. 정탐

하라고 그런 거지. 그래가꾸 못 돌아온 거지."＿김○예

"그때 옘병도 했잖아. 나도 앓고 우리 아버지도 앓고 우리 엄마도
앓고 다 앓았어. 근데 이렇게 앓고 드러눠 있으니까, 우리 아버지
를 웃방에서 들어와 가지고 저눔들이 우리 아버지 저기 있는 걸
그냥 막 때려주고 그냥 데려가고 그런단 말이야. 이상허다, 왜 우
리 아버지를 누가 저렇게 때리나 하고 방공구뎅일 찾아갔어. 그랬
더니 글쎄 우리 아버지가 거기서 방공구뎅이를 파고 있는 거야.
난, (아버지한테) 그 사람한테 붙들려간 줄 알았다고 하니깐, 너 헛
봤구나 그러면서 가서 드러눠라 그러더라구."＿김○예

"오빠가 있었는데, 그 전에 방공구뎅이를 파고 거기서 보초를 섰
어요. 사복 입구, 바지 저구리 입구 보초를 서다가, 저기 사람들이
붙잡아간 거야. 이북 사람들이 밤에. 가서는 영 못 오는 거야. 오
빠한테서 조카 하나 낳았어요."＿홍○순

전쟁이 끝나고 평화가 찾아왔으나 당장 주민들은 당장 먹고사는 문
제가 시급했다. 이데올로기 대결은 그들과 무관했다. 잡곡으로 연명
하고 그것이 떨어지면 나물을 뜯어먹었다. 먹을거리를 해결하기 위
해 묵논 개간이 본격적으로 시작됐다.

"아부지 잡혀가구 나서 고상 엄청 했어요. 진짜 나물만 뜯어다 먹
구. 멕이가 없으니까. 땅 두서 마지기 있는 게 저쪽(사천강 쪽)인데

물이 자꾸 가요. 그러니까 쌀이 없는 거야. 그래가지구 밭곡 가지구 살래니까 그냥 뭐 조 심어서 조 먹구, 떨어지면 또 식량 떨어지구 또 버리 심어서 버리 먹고 떨어지면 또 식량 떨어지구 이렇게 살았어요." _김ㅇ예

"결혼해서 잠시 후방에 가서 살았지. 그런데 다시 들어와 그냥 여기서 농사 짓구 살은 거지. 논농사 허구 깨도 심구. 그전엔 소루 갈았죠. 묵은 논을 갈려면 소가 못 끌어. 소를 때려야 해. 때리면 또 가구. 그렇게 해서 논을 맨들었어요. 그렇게 해가꾸 논이라두 조금씩 해가지구 농사두 쪼금 짓구 그랬드랬어." _홍ㅇ순

전쟁은 향수병을 낳았고 조혼사례도 생겨났다.

"애들 아버지 죽기 전에 며느리 하난 봤어요. 큰아들이 너무 일찍 장개를 갔어. 그런데 내가 그걸 안 해려 했어. 그때 (아들이) 스물두 살인데, (남편 말이) 너무 어른스럽게 잘하니까 어른인 줄 알았대. 그걸 데리고 가서는 선을 봤어. 아유 그래 가지구 애를, 즈이 이버이는 그래서 일찌 잘 봤지, 손주를 부구 죽었으니까." _김ㅇ예

"남편은 맨날 고향 얘기만 하다가 돌아갔는데 뭐. 자기 고향 못간 대는 얘기지 뭐. 얼마나 애닲은 거지. 정월이나 팔월 추석이 되면 그럴 때 우는 거여. 더 생각나니까." _홍ㅇ순

## 고립으로 생긴 문제들

가장 큰 문제는 고립이었다. 군사분계선이 그어지면서 개성과의 왕래가 중단되고, 남방한계선이 그어지면서 문산, 금촌 출입이 제한되었기에 그렇다. 농산물 판매와 생필품 구입이 필요한 주민들을 위해 대성동 마을을 관할하는 미군 쪽에서 트럭을 내주었다. 고작 일주일에 한 차례. 바깥출입은 특별한 경우를 제외하곤 모두 남자들 몫이었다. 고립에 따른 불편은 대개 여성들이 감당해야 했다.

"민사처라는 데가 있었어요. 일주일만큼씩 민사처에서 차를 대주는 거야. 일주일에 한번씩 여길 오면, 사람들이 문상 갈려면 타구 나가구. 들어오려면 또 그거 타구 들어오구. 이 길이 그냥 길(비포장 도로)이잖아요? 그러니까 그냥 먼지가 머리까지 눈썹까지 뽀얗게 끼는 거야. 안 지는 거야. 낭중에는 그냥 하두 그러니깐, 담요루다 쓰구 댕기구 그랬어. 애기를 가졌잖아. 그러면 그 차를 타면 미시꺼워요. 그러면 내려서 다 토허구. 휘발유 냄새 나 가지구." __홍○순

"여기선 막 절구질해서 먹구 살았어요. 어딜 가서 찧어올 수도 없잖아. 꽉 맥혀 있으니까. 벼는 그냥 털어가지구 그냥 막 찧는 거야. 우리 어무니하고 맞절구질해서. 보리는 능거서 밥해 먹구. 밀두 심거가꾸 찧어서 맷돌에다 갈아서 반죽을 개서 그것두 먹구 그랬어요." __홍○순

"그때는 후방을 못 갔잖아요. 일주일에 한번 댕겼거든. 여기서 나가면 일주일 있어야 들어와. 그래니까 힘들었어. 아이들 데리고 나가서 머리 깎자구 학교 댕기는 걸 데리고 댕길 수는 없잖아. 그래니깐 기계를 사다가 다 깎아주고, 우리 아버이도 내가 다 깎아주고 그랬지."__김○예

미군의 트럭 서비스는 반쪽짜리였다. 일주일에 한 차례 문산을 왕복하는데 문제는 주민을 싣고 문산에 도착해 주민을 떨군 트럭이 바로 돌아갔기에 그렇다. 주민들은 당일 볼일을 보고 귀가하지 못하고 일주일 뒤에 오는 트럭을 기다려야 했다. 그 일주일 동안 주민들은 여관이나 친척집에서 시간을 보냈다. 주민들이 애용하던 숙소는 대성여관이었는데, 거기에 묵으면서 남자들은 술을 마시거나 화투로 소일했다. 대성동 남자들이 술을 잘 마시는 건 이때부터라는 게 중론이다. 두 집 살림 사례도 벌어졌다. 교통이 편리해진 지금도 주민들 대부분은 두 집 살림을 한다. 원인은 다르지만.

"우리 시아버지가 한량이예요. 피난들 다 나가고 남자들만 농사 질 꺼 아니에요. 시아버지가 다 관리를 하시니까, 일주일에 한 번씩 미군차가 들어와서 후방 출입을 한 거야. 베를 가지고 나가서 찧어서 금촌에서 팔으시구, 돈 맨지는 거는 어르신네가 다 한 거야. 후방에다 집 사놓구 그냥 첩 얻어 가지구 살고, 첩네 살리구, 아유, 말두 못해."__권○순

여성 중 최고령자인 권○순 씨. 《경기도 DMZ 자유의 마을 대성동》

"(지금은) 나 혼자 살아요. 처음에는 열한 식구 살았드랬어요. 이제
는 다 세간 나구. 아부이 죽구, 어무이 죽구, 동생 시집가구. 막내
아들은 저 건너 문산 저의 집에서 사는데, 아이들 교육 때문에 나
가 살아요. 마누라는 그냥 거기서 밥해 주고. 아들은 거기서 자면
서 여기를 댕기면서 농사를 지어요. 막내아들 손주 녀석이 올해
대학 갔거든요." ㅡ김ㅇ예

주민들은 정기적으로 소개 훈련疏開訓鍊을 한다. 얼마 전까지 유사시
를 가정해 모든 주민들이 마을을 비우고 문산까지 이동했으나 요즘
은 도상 훈련으로 대체했다고 한다.

김동구 이장에 따르면 1978년 도끼만행 당시 남북 교전 상황
을 대비하여 쌀, 귀중품 등 이삿짐을 싣고 떠날 준비를 했다고 한
다. 2016년 동해안 민간인 피살 사건으로 개성공단을 철수하면서
대성동 주민들한테도 떠날 사람은 떠나라는 통고가 내려와 모두
나가고 20명 정도 남은 적이 있다.

대성동 마을은 유엔사 관할이다. 주민들의 모든 행위는 그들의
통제를 받는다. 자유의 마을 출범 당시 주민들은 대한민국 국민이
아니었다. 1969년 주민등록증이 발급돼 비로소 국민이 되었다. 유
엔사의 역할이 한국군에게 이양되어 한국군이 그 실행을 대행하고
는 있지만 최종 권한과 책임은 유엔사에 있다. 대성동 경비가 한국
군으로 이양된 것은 2004년, 불과 16년 전이다. 하지만 이곳을 출
입하려면 대한민국 장관도 유엔사의 허락을 받아야 한다.

각종 선거의 경우 DMZ 밖 통일촌에 마련된 투표소에 나가서

투표를 한다. 범죄가 발생하면 군인들이 현장에 출동해 현장을 보존하고 경찰이 들어와 조사한다. 전에는 미군이 범인을 수갑 채워서 DMZ 바깥 한국 경찰에 인계했다.

# 걸어 다니는 옥편 김씨

1938년생 김○예 씨는 대성동 토박이다. 강릉 김씨인 아버지 김○수 씨와 어머니 박○순 씨의 1남 2녀 중 장녀다. 남동생은 어려서 홍역으로 죽고, 10살 아래 여동생은 서울에 산다. 아버지가 불구였지만 재주가 많아 그 기술로 가족을 부양했다. 한국전쟁 때 이북으로 끌려가 돌아오지 못했다. 휴전 직후 한국전쟁 때 부상을 당한 경주 최○득 씨와 결혼해 4남 2녀를 두었다. 남편은 1980년대 초 당뇨로 사망했다. 자녀들은 모두 외부에 나가 살고 혼자 거주하고 있다. 막내아들은 자녀 교육 때문에 문산에 살며 매일 대성동을 출입하면서 어머니와 함께 농사를 짓는다. 김○예 씨는 총기가 좋아 마을 대소사는 물론 한국전쟁 당시를 정확하게 기억해 주민들 사이에서 '걸어 다니는 옥편'이라고 불린다.

김○예 어르신. (《경기도 DMZ 자유의 마을 대성동》)

우리 아버지가 불구예요. 불구라도 재주가 좋아요. 물레, 수레, 쟁기, 씨앗(목화 씨를 빼는 기구. - 방언) 같은 걸 만들었어요. 구들장도 놓고. 그렇게 해서 쌀을 좀 벌어오시고 해서 살았어요. 재주는 좋았는데 손이 그래가지고 왼손으로 다 하세요. 여기서 옛날에는 장을 보면 장단역으로 갔댔지. 계란을 열 개씩 짚으로 만든 꾸룽지(꾸러미)에 꾸리잖아, 그것 가지고 팔아서 음식두 사먹고 그랬어요. 전에는 계란을 먹구파서 열 개만 먹으면 소원이 없갔어.

그런데 6·25때(1952년) 이북 놈들이 아버지를 잡아갔어. 멕이(먹을거리)가 없어서 똥그랑산 있는 데다 심은 벼를 비러 간다고 갔는데 잡아갔어. 오른쪽 발도 짧고 오른쪽 손도 꼬부라져서 없어 지팽일 짚고 벼 베러 갔는데 잡아간 거야. 그런데 여길 돌려보낸 거야. 9월 4일인가 붙들려 가서 11일인가 왔어. 근데 16일인가 아침에 새벽같이 보낸 거야. 여기 군인들이. 정탐하라고 그런 거지. 우리 아버지가 불구니까 그 지랄들 한 거야. 가다가 죽여서 즈이들이 정탐을 했는지, (북으로) 보냈는지 모르지. 가 있어두 (지금은) 돌아갔을 거구. (당시 나이가 44세였으니) 시양 나이가 백 살이 넘었어.

근데다 또 우리 영감두 진짜 안 좋게 죽었어. (영감은) 휴전되고 내가 열여덟 살에 만났어. 노인네들이 그 사림하고 자꾸 결혼을 하래. 허구 보니 이 사람이 몹시 다친 거라. 배꼽 위 명치 있는 데부터 불두덩까지. 그리고 넓적다리도 아주 만창이야. (상처 자국을 보니) 못대가리 모냥으로 딴딴한 게 불두덩에 있더라구. 그게 실탄 맞은 자리래. 오른쪽 다리도 다 맞은 자리야. 그 속에서 총알 세 개를 꺼냈대요. (한국전쟁 말기에 중공군이) 방공구뎅이에 있는 거를 그냥 내

두른 거야. 보초 선 사람은 도망가고 우리 애 아버이는 도망을 못가고. 후유증으로 당뇨가 왔어. 13년을 앓다가 쉰한 살에 갔어요.

여기 휴전되기 전에 저 놈들이 똥그랑 산에 와 있드랬어요. 군인들이 서로 쌈지랄을 했는데, (이곳 청장년들이) 군인들하고 함께 보초를 서고 그랬어요. 종일 일하고 저녁에 한 막에 두 사람씩 보초를 섰어요. 고단하니까 교대로 하나는 자고, 하난 서구. 보초가 열 몇 갠가 될 거예요. 저기서부터 이렇게 돌아가면서. 근데 우리는 저 끄트머리에서 두 번쨴데, 우리 아바이가 들어가 잤대. 자는데 저놈들이 여길 들어왔대지 뭐야. 보초 서는 사람이 (자는데) 들어가서 저놈들이 여길 와 있다며 깨놓고(외치고) 저는 빨리 도망가고 우리 아바이는 총을 집는 순간 (중공군이 총을) 드르륵 쏘드래잖아. 그걸 다 맞은 거야. 그놈들이 우리 아버이를 끌구 가다가 너무 늘어졌으니까, 숨 쉬나 안 쉬나 냄새를 (맡았다고 해). 게서 숨을 안 쉬었대. 안 쉬니까 그놈들이 발길루다 차구선 그냥 갔대, 그 뭐냐, 눈을 떠보니까 (그놈들이) 없드래지. 그래서 우리 동네에다 대구 막 소릴 질렀대, 다 가구 없으니 빨리 데리러 오라구. 조금만 참아라, 그래서 참고 있는데 군인들이 데리고 나와서, 텔로(KLO인 듯)라 그래두 되고 기관이라고 그래두 되는데, 그 본부에서 (우리 아바이를) 병원으로 후송한 거야.

뱅기를 타고 갔는데 얼루 갔는지 모른대. 전신마취 시켰으니까. 그 안에서 미군은 (우리 아바이를) 때리고 그랬나 봐. 나중에 깨서 물어봤대요. 여기가 어디냐? 그러니까 월미도, 인천 바깥이라 그러드래요. 그래서 그런가 보다 했는데, 아주 진짜 병원이 너무너무 좋드

래는 거야. 그래서 저승인 줄 알았대. 미군들이 자꾸 그냥 와서 호각을 불구 하니깐 나중엔, 아, 여기가 병원이구나 이래구 살았어요.

유월 달에 그랬거든요. 음력으로 4월에. 여기서는 죽은 줄 알았어요. 그랬는데, 음력 시월에 금천에 와 있다고 소문이 났어. 그래서 살았구나 그랬는데, 아, 노인네들이 자꾸 결혼을 하래. 나하구는 상관이 없는 남남끼리인데. 우리 어머니도 반대하고 나도 싫다구 그랬어. 그이는 고향이 없어요. 어려서 엄마와 함께 개풍군 개울에 가서 같이 있다가 엄마가 죽었대요. 사람들이 엄마를 공동묘지에 묻고 아이를 여기 어영개(어룡개 저수지) 있는, 자식 없는 사람한테 줬나봐. 그 사람한테 살다가 그 사람이 싫어서 여기 우리 동네 있는 사람한테 줬어. 그렇게 커가면서 (스물여섯까지) 남의 집을 살았어. 그런 사람이니까 결혼을 하면 귀염을 받을 것이다, 할아버지들이 자꾸 그래서 넘어갔지 뭐야. 처음엔 (결혼을) 잘했다구 그랬는데 허구 보니까 이 사람이 몹시 다친 거라. 그렇게 아픈 사람인 줄 알았으면…. 우리 집안네 올케가, 저기, 누이 결혼했는데 그것 그냥 있어? (묻더라구) 내가 그게 뭐야, (그러니까) 감자가 그냥 있냐고 그러드래니깐. 사람들이 그것두 없는 줄 알았나 봐. 그래가지고 10년 동안만 같이 생활이 좋았지. 죽고 나니깐 6남매야. 아휴, 살기 힘들었어요.

222

# 도토리 줍다가 북에 다녀온 홍씨

1935년생 홍○순 씨는 대성동 토박이다. 남편 김○씨는 고향이 개풍군 봉덕면인데, 한국전쟁 때 대성동으로 피난 나와 켈로부대원으로 활동하다 홍○순 씨를 만나 결혼했다. 3남 2녀를 두었다. 두 딸은 어려서 잃었고 둘째 아들은 성인이 되어 술로 사망했다. 남편 역시 해수(폐질환)로 사망해 동작동 국립 현충원에 묻혔다. 현재 맏아들 가족과 함께 농사를 지으며 살고 있다. 홍○순 씨는 1997년 가을, 아들과 함께 마을 야산 군사분계선 부근에서 도토리를 줍다가 북에 끌려갔다가 돌아온 적이 있다. 이런 얘기는 하면 안 되는데 하면서 홍씨가 들려준 이야기다.

우리가 거길 넘어가지 않았는데 넘어갔다고 북쪽 군인들이 반시간 있다 보내준다며 가자는 거야. 못 간다고 하니까, 우리나라하구 이북 사람하고 회의를 해야 한대. 그래야 보내준대요. 막 끌고 가려고 그러잖아. 내가 나무를 꽉 잡으니까 옷이 뜯어지는 거야. 옷 뜯어졌다고 하니까 걱정 마세요. 거 가서 다 꼬매 드린대. 근데 진짜 꼬매 줘요.

그 사람들 보초막두 이렇게 열어서 기냥 들어갔어. (이제) 얼루 가네니까 개성으로 간다 그러더니 눈을 꽉 처매는 거야. 그때부터 그냥 울어지는 거야. 개성 다가도록 울었대니까. 내려놓으니까 눈물이 그쳐지드라구. 아우 무서웠어.

그래가꾸 거기서 사흘 밤을 잤어.

하룻밤을 잤어. 낼은 갈꺼냐. 어머니 쪼금만 더 기달려야 된대. 왜 거짓말로 끌구 오냐 말이야, 애들이 집에서 기달리는데. 그랬더니 회의를 해야 하니까 할 수 없대. 밥을 해다 주면 도저히 못 먹겠어. 왜 안 잡숫네. 잡숴야 살지 안 잡숴 돌아가면 어떡하느냐며. 안 멕히더라구. 분해서 그런지 배도 안고파. 근데 풀떼기 밥 같고 죽 같으구 못 먹겠어. 그래서 맨날 굶었어. 그런데 콩나물은 먹겠드라고. 야, 그럼 감좀 갖다 드려라. 그때가 감 딸 때야. 그래서 색인 것을 들여왔는데 떫드라구. 배도 좀 갖다 드려. 그래서 가져왔는데 그런 배는 생전 처음 봤어. 긴데다가 가운데는 잘룩하게 들어갔어. 그런데 아주 맛대가리두 없어. 우린 안 먹으니까 걔네들은 그냥 씨째 먹어요. 아유 속으로 배가 무척 고픈가보다. 거기서 두부두 해주고 비지 찌개도 해주구 다 해주드라고. 먹을 건 잘해 주드라고.

아이들이 걱정을 얼마나 하겠냐고 그랬더니, 즈네들이 편지를 써가지고 여기 집에를 갖다가 줬어. 그러니까 우리 할아버지가 혈

홍○순 어르신. (《경기도 DMZ 자유의 마을 대성동》)

압약을 보냈더라구. 바로 갖다 나를 줬는데 (간부가) 막 야단을 치는 거야. 어머니 그 약 도로 내놓으래. 먹고 죽을까봐 그랬는지. 올 때는 그냥 주더라고. 갖고 오다 떨어뜨렸어. 그랬드니 그걸 주워가지고 판문점을 통해 돌려보냈어.

근데 여기는 왜 텔레비전두 안 틀어주냐고 하니까 잠간 틀어. 근데 빨간 글씨만 나오잖아. 보기 싫어서 알았다고 됐다고 끄라 그래서 껐어. 근데 전기 때문에 못 키더라구.

올 때도 낼 아침이면 가신다고 그러더라구. 오던 날 (자던) 침대 앞에서 사진을 찍고 가재. 참 웃기지도 않아. 차를 타고 나를 데불고 나오는 거야.

갈 때는 논틀 밭틀 빠지는 데가 많으니까 업구 건느자고 했어. 운동화 신었는데 빠져서 가면 다 빨아야 하잖아. 그랬드니 나보고 수단이 좋대는 거야. 그런데 쪼그만 군인을 들이대는 거야. 저 사람은 나 못 업는다고 그때 나 70키로 거반 나갔어요. 저기 좀 키 큰 사람 오라고 그랬어. 그 사람이 좀 높은 사람이더라고. 그래서 업혀 건너갔어. 세 번을. 올 때는 또 글로 우는데, 또 업혀 건너가재는 거야. 아유, 걸어가도 된다고. 그런대 자꾸 업히래, 그래서 업혀왔어.

그래가꾸 이북에서 잘 얻이먹고 왔지요. 올 때 감나무 하나하고, 감, 병배 한 박스 담아서 줬어요. 그 사람들이 (뿌리에) 흙을 달아서 그 무거운 걸 져다 줬다니까. (남쪽에 심은 감나무는 몇 해 뒤 얼어 죽었다.) (그 감나무가) 기념인데, 그게 고염이 되드라고, (감이) 안 열어. 지금 살았으면 많이 컸을 거야.

돌아와 보니 (내가 북에 있을 때) 작은어머니가 울면서 도토리를 까셨대. 메느린 까무러치고 막 난리가 났다고. 여길 왔는데 사람들 보기에 부끄럽더라고. 왜 그러냐믄 너무 극성부리다 거까지 가가꾸 잡혀갔다 오니까. (잘 돌아왔으니) 사람들이 나보구 복 받았다구 그래요. 그 사람들이 보내줬다고.

6장
# 대성동 인근 돌아보기

자유로와 통일로는 그 이름과 달리 대성동 못 미쳐서 끊겨 있다.
그에 반해 의주로는 분단 이전에 남북을 잇는 길이었고, 통일이 되면
서울과 평양을 잇는 길이 될 터이다.
의주로는 우리 한반도의 과거이자 미래다.

# 지척에 있는 제3땅굴

제3땅굴은 대성동과 아주 가까울 뿐 아니라 그 뿌리가 한국전쟁에 있는 점에서 대성동과 밀접한 관련이 있다. 우선 장마철이면 어김없이 대성동 동남쪽 논의 침수를 일으키는 북쪽 제방이 바로 제3땅굴 굴착이 시작된 인민군 GP OOO로 가는 직선 도로에 해당한다. 인민군 GP OOO는 한국전쟁 말기 중공군에게 함락된 유엔군 전초 기지 37초소다. 그러니까 북쪽에서 보아 GP OOO는 자연적인 경계인 사천강 너머에 구축된, 남쪽을 겨냥한 교두보인 셈이다. GP OOO에서 착굴을 시작한 것은 서울까지 가장 짧고 은밀한 침입로를 확보하기 위한 의도이다. 한국전쟁의 연장선이다. 게다가 한국전쟁 때 미군의 폭격에 맞서 군사 시설을 지하화하는 과정에서 터득한 갱도 굴착 기술이 총동원됐을 터이다.

제3땅굴은 인민군 GP OOO에서 시작해 군사분계선 435미터를 넘어온 총길이 1,636미터의 터널이다. 지하 73미터에 폭 2미터, 높이 2미터로 파였다. 믿기 어렵지만 한강 이남에 3개의 출구를 낼 예정이었다는데, 완공됐다면 시간당 인민군 3만 명이 수도권으로 진입할 수 있는 규모라고 한다. 인민군이 한국군 복장으로 위장한 채 삽시에 대량 진입한다면 출구 이북에 주둔한 한국군은 퇴로가 차단됨은 물론 피아가 뒤엉켜 아군끼리 교전하는 사태를 부를지도 모른다.

## 탐사 중단으로 발견된 땅굴

발견 시점은 1978년 10월 16일이다. 역갱도를 뚫어 터널을 맞힌 날로 친다. 발견 당시 터널은 벽과 바닥을 석탄가루로 도색하여 탄광처럼 위장돼 있었으며 북은 "석탄 좀 캔 걸 가지고 뭘 그리 부산을 떠느냐."는 반응을 보였다고 한다. 화강암 지대에 탄광이라니…. 북쪽도 무척 다급했던 모양이다.

땅굴의 존재가 확인된 것은 그보다 한 달가량 앞선 9월 13일이었다. GP근무중 새벽 5시경 잠에서 깨어난 김을수 하사가 '팽' 하고 크게 울려 퍼지는 소리를 들었다. 깜짝 놀라 창밖을 내다보니 시추공에 박아놓은 파이프가 날아가고 물기둥이 허공을 향해 치솟고 있었다. 그 시각 지하에서 발파 작업이 이뤄졌다는 것이고, 그 현장이 지상에서는 지하수 분출로 드러난 것이다. 군에는 비상이 걸리고 역갱도 굴착이 시작된 것은 불문가지. 이름에서 보이듯, 제3땅굴은 제1땅굴(1974년 11월 15일 발견), 제2땅굴(1975년 3월 24일 발견)에 이어 세 번째로 발견된 것이다.

실은 한국군 초병이 물줄기를 발견하기 전까지 땅굴 탐사 작업이 중단된 상태였다. 1, 2 땅굴을 발견한 뒤라 노하우가 웬만큼 축적돼 있는 터, 쉽게 발견할 거라 생각했지만 3년 동안 허탕을 쳤기 때문이다. 1975년 2월부터 시작된 의심 지역 시추 작업은 2미터 간격으로 107개의 구멍을 뚫었다. 시추공에는 PVC파이프를 박고 파이프에 물을 채워두었다. 탐사 중단이 되레 땅굴 확인의 빌미가 된 것은 아이러니다. 남쪽의 탐사 활동 중단을 확인한 북쪽은 땅굴 굴착 작업을 다시 시작했고, 남쪽에서 예상 축선에 미리 파놓은 시추공을 건드린 것이다. 그동안 땅굴에 대한 정보를 제공한 귀순자 김부성은 허위 진술을 의심받아 고초를 겪었다. 그는 자신의 진술을 증명하기 위해 미루나무 위 까치집을 땅굴 축선의 기점으로 잡아 설계했다는 사실을 확인시켜주는 등 DMZ 정찰을 하다가 지뢰를 밟아 발을 잃었다.

김부성은 개성에 있는 조선로동당 제53연락처 제3분회에 소속되어 1974년 9월 남파 간첩 호송 안내원 신분으로 분계선을 넘어 귀순한 인물로 개성 연락처에 있을 때 1972년 9월경부터 DMZ 안 작업반에 동원돼 땅굴 설계 및 측량 기사로 일했다. 그는 판문점 회담장 동남 4.6킬로미터 지점에서 서쪽으로 1.2킬로미터의 땅굴을 구축하는 작업에 직접 종사했다고 진술했다.

1978년 제3땅굴 발견 당시 그곳을 지키던 제1보병사단 사단장은 전두환 소장이었다. 전씨는 그 공로를 인정받아 국군 기무사령관으로 발탁됐고, 그로부터 1년 뒤인 1979년 10월 박정희 피살 이후 정보 통제가 유리한 점을 이용해 12·12 쿠데타를 일으켜 대통령

6장 대성동 인근 돌아보기

에 오르게 된다.

## 미발견된 땅굴의 어마어마한 규모

제1땅굴은 1974년 11월 15일 고랑포 군사분계선 표지판 0270호 1,000미터 서남쪽 지점에서 발견됐다. 아침 7시 35분경 관목 숲 땅 밑에서 수증기가 피어오르는 것을 목격한 초병이 온천으로 알고 파내려가다가 지하 45센티미터에서 야전삽에 걸렸다. 아침 식사를 준비 중이던 인민군은 작업 도구를 그대로 둔 채 달아났다. 유엔사 조사단 정밀 조사 결과 땅굴 윗부분 89, 아랫부분 115, 높이 121센티미터 크기로 총길이 1,950미터였으며 분계선을 넘어 1,200미터를 침범한 상태였다. 땅굴을 굴착하고 조립식 콘크리트 벽널을 세우는 방식으로 작업을 했다. 유엔사 조사 중 폭발 사고로 군정위 부비서장 바렌자 해군중령, 한국군 연락장교 김학철 소령이 사망하고 5명이 중경상을 입었다.

제2땅굴은 1975년 3월 24일 철원의 분계선 표지판 0597호 남쪽 900미터 지점에서 발견됐다. 1974년 12월 12일 시추를 시작해 2미터 간격으로 시추공을 뚫던 중 1975년 1월 27일 드릴이 뚝 떨어지는 현상이 잡혀 역갱도를 뚫이밎힌 것이다. 50~160미터 깊이에 2×2미터 크기로 뚫렸는데, 총길이는 1,496미터, 분계선 남쪽 1,196미터를 침범했다. 조사하던 한국군 사병 7명이 폭발물 가스로 질식사했다.

제4땅굴은 제3땅굴 발견 뒤 12년이 지나 1990년 3월 3일 발견됐다. 1~3땅굴이 청음, 즉 북이 땅굴을 파는 소리를 듣고 이를 바탕

제3땅굴 내부. (파주 시청 홈페이지)

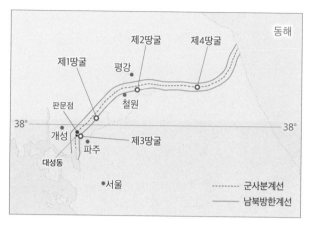

제1, 2, 3, 4 땅굴 위치도.

으로 발견한 것과 달리 KIST에서 개발한 탐사 장비인 지오비스의 덕이 컸다. 북의 땅굴 굴착이 중단된 터라 땅굴 예상 축선에 마주보는 시추공을 뚫고 시추공에 집어넣은 파동 측정기로써 공동을 찾아내는 방식이다. 지하 145미터 깊이에 1.7×1.7미터 크기로 총길이 2,052미터, 분계선 침투길이 1,028미터다. 출구 작업 직전에 종결된 완성된 터널로 추정된다. 조사 당시 부비트랩(접촉하면 폭발하는 지뢰덫)에 걸려 군견 2마리가 죽었다.

땅굴들은 대체로 다음의 공통점을 갖고 있다. 화강암 암반 지대로, 땅굴 안에 레일을 깔고 갱차로 폐석을 처리했다. 강제 환기 시설을 했으며 북쪽으로 기울어진 배수로를 만들어 침수를 막았다. 지상에서 위장 발파를 하여 지하 발파 작업을 감췄다. 관측소 가까운 곳을 택하여 아군의 활동을 관측했다. 폐석은 항공 사진에 관측되지 않게 하기 위해 야간에 강에다 버리거나 동시에 실시한 다른

236

목적의 공사인 것처럼 위장했다.

문제는 굴착한 땅굴이 발견된 네 개 외에 더 있다는 사실. 귀순자들은 모두 20여 개에 이른다고 말한다. 미발견 땅굴이 출구 예정 지점까지 굴착해 두고 때를 기다리는 상태라면 최악이다. 지금도 군에서는 땅굴 의심 징후에 대한 신고를 받고 있다.

제3땅굴을 두고 이토록 긴 이야기를 한 데는 까닭이 있다.

대성동 동남부 분계선 너머에 만들어진 둑이 있다. 그 둑이 만들어진 시기는 대략 제3땅굴 굴착 시기와 겹친다. 그러니까 둑은 땅굴에서 파낸 폐석을 처리하기 위해 쌓은 것이 틀림없어 보인다. 주민 김○예 씨의 증언을 들어보면 대성동 사람들한테는 땅굴의 존재는 불 보듯 뻔한 일인 듯하다.

"그러니까 농사를 지어놓고 6·25가 났잖아. (사람들이) 그 벼를 다 버리고 (피난을) 나갔지. 우리 식구들은 다 안 나갔어요. 아버진 불구니까 누가 잡아가랴 하고. 몰래몰래 벼 이삭을 잘라다가 밤에 찧어서 (밥을) 해서 먹고. (1·4 후퇴 때도 피난 안 가고) 고생 많이 했어요. 방공구뎅이 파느라고. 방공구뎅이에 있다가 추우니까 남폿불 키는데 불이 나서 연기가 나서 질식해서 죽은 사람도 있구. 그리고 소두 이 동네에 집집마다 다 있었드랬잖아요. 폭격할 때 다 죽구 세 마린가 남았어. 세 마리 가지구 동네에서 다 빌려다 쓰구. 그때 뭐 농사나 많나. (사천강) 전투가 한창일 때 비행기가 폭격을 하구 지랄을 했잖아. 마산을 서루 가질라구 서로 싸웠지. 결국 저놈들이 뺏었지. 그래서 인제 거기서 구뎅일 파고 들어와서 도라산에 구뎅이 있잖아요? 거기부터 파 들어간 거지."

# 도끼만행사건이 일어난 돌아오지 않는 다리

판문점 서쪽, 사천의 지천에 놓인 '돌아오지 않는 다리.' 고지도에
표기된 '판적교'(넓적다리의 이두식 표기로 추정)가 얻은 미국식 새 이
름이다. 한국전쟁 이전 대성동 주민들이 개성 장을 보러 건너다니
던 다리다. 마을 원로 김경래 씨는 10대 시절 마을에서 수확한 인삼
을 개성행 수레에 싣고 건넌 적이 있다고 했다.

　1953년 정전협정에 따라 그어진 군사분계선이 이 다리 중간을
가로지른다. 유엔군에 포로로 잡혔던 인민군 병사들이 북측으로 건
너가면 다시 돌아오지 않는다 해서 이름 붙여진 다리다. 물론 남쪽
에서 붙인 이름이다. 북에서는 뭐라고 부를까? 북쪽에서 판문점 군
정위 회담장으로 통하는 유일한 통로여서 북쪽 군정위 참석자들 또
는 공동경비구역에 근무하는 북측 병사들이 사용했다. 그런데 이
다리는 1976년 8월 18일 이후 그 기능을 잃는다.

### 미루나무 한 그루가 일으킨 사건

한국인에게 1976년 8월 18일은 '8·18 도끼만행사건'으로 기억된다. 미국은 이날의 사건을 '나무 자르기 사건Tree Cutting Incident'이라 부른다. 발단은 한 그루 나무다.

군사분계선 위의 '돌아오지 않는 다리'는 남북 양측이 공동 관리하는 것은 당연지사. 북측에 인민군 7초소, 남쪽에 유엔군 제3초소를 두었다. 유엔 쪽은 판문점 회의장 서쪽 언덕에 제5관측소를 지어 제3초소를 관찰하게 된다. 시간이 지나며 제3초소와 제5관측소 사이에 미루나무 한 그루가 무성하게 자라 제5관측소의 시야를 가리게 된다.

그날 오전 10시 30분쯤 한국인 근로부대KSC 노동자 5명이 미루나무 가지를 치기 위해 유엔사 경비대장 보니파스 대위, 배럿 중위, 한국군 김문환 대위와 7명의 경비 인력의 호위를 받으며 현장에

돌아오지 않는 다리. (국가기록원)

　　　　　　　　　　　　　6장 대성동 인근 돌아보기

출동했다. 12일 전인 8월 6일 노동자들이 유엔사 경비병의 호위를 받으며 미루나무를 자르려 하다가 인민군 경비병의 제지를 받고 철수한 바 있으니 두 번째 시도다.

인민군 박철 소위와 병사 7명이 다가와 무슨 일을 하느냐고 물었고, 가지치기 작업을 한다는 대답을 듣고 "좋아요."라고 하고는 근처에 앉아서 작업을 지켜봤다. 몇 분 뒤 박철은 갑자기 일어나 작업을 그만두라고 명령했다. 노동자들이 작업을 중단하자, 보니파스 대위가 계속하라고 말했다. 박철은 김문환 대위에게 "가지를 더 자른다면 중대한 문제가 생길 것"이라고 말했다. 박철은 이때 부하 중 하나를 돌아오지 않는 다리 너머로 보냈고 수분 뒤 병사들이 탄 트럭이 도착하고 인근 경비 초소의 초병이 합류하여 인민군 병사는 30명으로 불어났다.

박철은 손목시계를 끌러 손수건에 싸서 주머니에 넣었고 또 다른 북측 병사는 소매를 걷었다. 그는 "죽여!"라고 소리치며 노동자를 향하여 뒤돌아서 있는 보니파스의 사타구니를 걷어챘다. 노동자들은 달아나고 그들이 버리고 간 도끼를 집어든 인민군 병사들이 쓰러진 보니파스를 짓이겼다. 배럿 중위도 함께 습격당해 의식을 잃었다. 지휘관을 잃은 병사들은 인민군한테 폭행을 당하거나 도망칠 수밖에 없었다. 미군 병사 4명, 카투사 2명이 부상을 당했다. 불과 3~4분 사이에 벌어진 참사다.

박철은 1975년 6월 당시 JSA경비대장 윌리엄 헨더슨 소령을 공격하여 짓밟은 전력이 있는 자. 사병이었던 그는 헨더슨 공격 직후 일약 장교로 승진해 소위 계급장을 달고 다시 나타났다.

판문점 미루나무 제거작업.
(e영상역사관, 정부기록사진집)

## 나무를 자르기 위해 데프콘3까지 발령

사건을 보고받은 당시 유엔 사령관 리처드 스틸웰 육군대장은 지
휘부 회의를 소집하여 "우리 젊은 장교 두 사람이 놈들한테 살해됐
다. 빌어먹을 그놈의 나무를 잘라버려. 우리가 어떻게 대응해야 할
지 말해봐."라고 말했다. 이 회의에 참석한 한국인 고문 제임스 리
는 "만일 그 미루나무를 꼭 잘라야 한다면 (한국인) 노동자를 쓸 것
이 아니라 헌신적인 전투 공병단과 그들을 보호하는 군대를 들여보
내야 할 것"이라고 조언했다고 한다.

이튿날 워싱턴에서 긴급 수뇌부 회의가 열리고 그곳에서 '눈에
는 눈' 대신 만일의 경우를 대비하여 모든 병력을 대기한 상태에서
문제의 그 미루나무를 잘라버리기로 결정했다. '데프콘3'이 발령됐

6장 대성동 인근 돌아보기

다. 전쟁 전 단계에 발령되는 명령이다. 병사들의 휴가와 외출이 금지되고 한국군이 갖고 있던 작전권이 한미 연합 사령부로 넘어갔다. 전폭기 75대를 실은 항공모함 미드웨이가 요코하마를 떠나 한국 영해로 진입하고, 오키나와에서 팬텀 전투기 24대, 미 아이다호 기지의 F-111 20대가 한국으로 날아왔다. 괌에서는 B-52폭격기가 한반도를 향해 발진했다.

8월 21일 오전 7시 '폴 버니언' 작전, 즉 미루나무 자르기 작전이 시작됐다. 그 시각부터 공동경비구역은 미 제2사단 작전구역으로 변경됐다. 보병대대 병력이 주변에 배치되고, 미군 헬기 26대가 공중 선회하는 가운데, 유엔사 판문점 경비대 1개 소대와 한국군 특전대 대원 64명의 호위를 받으며 16명의 미군 전투 공병단이 투입됐다. 곤봉으로 무장한 특전대는 북측 5번 경비 초소 길목을 막아섰다. 인민군 경비 초소에 설치된 차단기를 제거하고 20분 만에 절단 작업이 시작됐다. 8시경 미루나무는 완전히 제거됐다. 나무가 쓰러지는 순간 미군과 한국군 병사들은 인민군이 지켜보는 가운데 환호했다. 특전대 사병으로 복무 중이던 문재인 대통령도 이 작전에 투입됐다고 한다.

유엔사가 작전 중이던 그 시각 소총으로 무장한 인민군 150명이 돌아오지 않는 다리 너머에 도착했으나 작전의 규모에 눌린 듯 도발적인 행동을 하지는 않았다. 작전을 지휘하던 미 제2사단장이 탄 헬기가 실수로 분계선을 넘는 해프닝도 있었다. 다행히 인민군의 위협사격을 받고 즉시 돌아와 더 이상 사태가 확대되지 않았다. 자칫 제3차 세계대전으로 확대될 뻔한 이 사건은 이렇게 마무리됐다.

## 들어갈 수 없는 다리가 되다

나무 한 그루가 베어진 것 외에 판문점에 커다란 변화가 생겨났다. 공동경비구역 안에서 양쪽 경비원을 포함한 모든 군인들은 군사분계선을 못 넘도록 했다. 공동경비구역을 가르는 군사분계선 상에 1미터 높이 콘크리트 기둥을 10미터 간격으로 세우고, 회의실 주변에는 높이 5센티미터, 넓이 50센티미터의 콘크리트 벽돌로써 군사분계선을 표시했다. 공동경비구역 내 분계선 남쪽에 있던 네 개의 인민군 경비 초소는 모두 철거됐다.

이와 함께 북은 '돌아오지 않는 다리'를 통해 공동경비구역으로 진입할 수 없게 됐다. 북은 부랴부랴 판문점으로 직접 들어오는 도로를 군사분계선 북쪽에 새로 내고, 돌아오지 않는 다리를 대신하는 콘크리트 다리를 세웠다. 북측은 사흘 만에 놓은 다리라 하여 '72시간다리'라고 이름 지었다. 8·18 도끼만행 당시 대성동 주민들은 문산까지 소개됐다. JSA경비대대가 주둔한 미군 기지 '캠프 리버티'는 '캠프 보니파스'로 개명했다.

대성동 주민한테 애초부터 돌아오지 않는 다리는 접근 금지다. 예외적으로 그곳을 다녀온 주민이 있다고 한다. 개 한 마리가 다리 중간에서 죽은 채 발견되어 혹시 기르던 개가 아닌지 확인해 달라는 유엔사 쪽 요구를 받고 현장에 갔다는 것이다. 1980년 대성동 농경지가 판문점 가까이까지 확장되면서 빚어진 일이다. 대개 대성동 개들은 마을 주변에 머물 뿐 분계선 근처에 접근을 하지 않는다고 한다. 지금도 그 개가 떠돌이 개인지, 북쪽 개인지 알 수 없다고 한다.

# 공동경비구역 판문점

판문점, 즉 공동경비구역Joint Security Area, JSA은 대략 직경 800미터의 원형 지역이다. 1953년 10월 20일 제26차 회의부터 1992년 2월 13일 마지막 제459차 회의까지 군사분계선 상의 정전협정 위반 관련 사안을 다룬 군사정전위원회가 열린 곳이다. 공동경비구역이란 말 그대로 남쪽과 북쪽이 공동으로 경비하는 구역. 애초 남과 북을 가르는 물리적 경계 없이 양측 경비병과 협상 관계자들이 자유롭게 돌아다녔다. 하지만 1976년 도끼만행사건 이후 경비병들은 상호 분계선을 넘지 못하도록 했으며 이 원칙은 1995년 5월 이후 회담 관련자들한테도 적용됐다.

### 군사분계선 표지판을 대신하는 건물들

공동경비구역 안의 건물은 군사분계선 상의 주요 시설과 이남, 이

북의 보조 시설로 대별된다. 군사분계선에 걸친 건물은 모두 6개. 유엔군과 인민군이 각각 3곳을 나누어 관할한다. 서쪽 첫째부터 셋째까지 은색 건물은 모두 중립국감독위원회NNSC 용으로, 각각 여가 활동, 사회·사교 활동, 비공식회의·사무 용도로 쓰였으나 현재는 폐쇄돼 있다.

넷째부터 여섯째까지의 건물(T1, T2, T3)은 핵심에 해당한다. 서쪽부터 차례대로 T1은 중립국감독위원회 회의장, T2는 군사정전위원회MAC 회의장, T3은 장교 회의실(최초의 공동 일직장교 건물)이다. T2에서 양쪽 군정위 대표들이 정전협정 위반 문제를 논의하고, T3에서 영관급 장교들이 T2 논의 사안을 실무적으로 처리하고, T1에서 그 실행 여부를 감독하는 체인 구조다. 동쪽 끝 세칭 '몽키하우스'는 인민군 여가 활동용이다. 한국전쟁 중 발생한 포로 송환에 간여한 인도 경찰대가 사용하다가 인민군이 점유한 곳이다.

공동경비구역은 군사분계선 표지판이 0091번부터 0100까지 10개가 세워졌는데, 이들 7개의 건물이 세워진 구간을 건너뛰고 설치됐다. 달리 말하면 7개의 건물이 각각 표지판에 해당한다. 분계선 남쪽에는 자유의 집과 평화의 집이, 북쪽에는 판문각과 통일각이 있다. 이들은 각자의 남북 협상 관련자들을 위한 보조 시설 또는 남북 당사자회담, 만찬장 용도로 쓰인다.

이들 건물의 건축과 배치에는 남북 분단과 대결 실태가 압축돼 있다. T2, T3은 군사정전위원회의 장성급 및 영관급 서기장회의가 열려 정전협정 위반 문제를 다루는 곳이고 NNSC 관련 세 개의 건물은 정전회담 및 군사정전위원회 회의에 따른 실천 행위를 감독하는 중립국감독위원회가 사용했다. 하지만 남북 협상 초기부터 사찰 체제가 무너지고 중립국감독위원회의 활동이 유명무실화하면서 폐쇄되고 군정위원회가 사용하던 T2, T3 건물 역시 1992년 이후 같은 길을 걷게 된다. 1991년 군정위 남쪽 수석대표를 한국군 장성으로 교체한 게 사달이 됐다.

분계선 남북의 보조 시설은 정전협정 당사자들(북한 인민군·중공 의용군·유엔군)의 군정위 회의 외에 남북 정부가 직접 접촉할 필요에 의해 만들어졌으나 사용 빈도는 아주 낮은 편이다.

## 군사 충돌은 막지만 정치 선전장인 군정위 회의

판문점 역사상 가장 중요한 비중을 차지하는 것은 군사정전위원회 회의다. 비무장지대에서의 정전협정 위반 문제를 다루는 유일한 창구로서, 자칫 대대적인 군사 충돌로 비화할 수 있는 사건들을 도마에 올려 시시비비를 가리는 구실을 했다. 대부분 일방이 주장하고 또 다른 일방이 이를 부인하는 식으로 진행되어 시비를 가린 사례가 희소하지만 주장을 노출하고 이를 청취함으로써 긴장을 완화하는 데 기여한 것으로 평가된다.

하지만 정치 선전장에 머무른 것도 부인할 수 없다. 군정위 회의록과 서기장 회의록을 읽어보면 이런 실상이 적나라하게 드러난다. 사실을 확인할 수 없는 일방의 지루한 주장이 있고, 역시 사실임을 확인할 수 없는 또 다른 일방의 짧은 부인이 있을 뿐이다. 회의록을 검토하는 일은 엄청난 인내가 필요하다. 게다가 영어, 중국어로 순차 통역이 이뤄지는 회의 현장은 지루하기 이를 데 없었다. 회

제3땅굴 전시관에 비치된 판문점 디오라마.

**1** 72시간 다리　**2** 통일각　**3** 판문각　**4** 군사분계선　**5** T1　**6** T2　**7** T3
**8** 자유의 집　**9** 팔각정　**10** 평화의 집　**11** 도끼만행사건 자리　**12** 돌아오지 않는 다리

의서 다루는 사안이 전 세계적인 관심사일뿐더러 회의장 창문을 열어 보도진이 이를 지켜보게 함으로써 선전장의 성격을 더욱 강화한 측면이 없지 않다. 군정위 회의 내용보다 회의 정황과 회담장 주변 이야기에 시선이 쏠리는 것은 그런 탓이다.

군정위 회의 당사자들은 자신들의 이미지 관리에 몹시 신경 썼다. 이들이 마주 앉은 테이블에는 애국심 과시 차원에서 소형 성조기와 인공기를 놓았다. 북쪽 대표들은 기록 사진을 검토한 결과 성조기가 약간 높다는 사실을 알고 깃발 받침을 1인치 높였다. 이를 눈치 챈 미군 쪽도 1인치를 높여 높이의 우월함을 회복했다. 이런 경쟁이 반복되다 보니 대표단이 테이블 건너편 상대방을 보는 데 방해가 될 정도가 됐다. 양쪽은 수개월에 걸친 협상 끝에 깃발의 높이에 합의했다. 하지만 북쪽은 깃발꽂이 아래 천조각을 대어 보이지 않을 정도의 우위를 확보했다. 유엔 쪽은 나중에 이를 알아챘지만 그대로 두었다. 북쪽은 경쟁에서 승리했음을 광고했다.

회의장 의자를 두고 이와 비슷한 일이 벌어졌다. 양쪽이 회의 테이블에 앉았을 때 북쪽 대표들은 자신들이 미군 대표들을 올려다 보고 있음을 알게 됐다. 미국인이 동양인보다 신장이 크기 때문이다. 언론들은 미군 대표들이 회의를 주도하는 것처럼 보인다고 보도했다. 불쾌해진 북쪽은 미군 쪽 대표들이 앉는 의자의 다리 밑동을 잘라냈다. 다음 회의에서 이상한 것을 깨달은 미군 쪽은 나무 의자를 철제 의자로 바꿔버렸다.

초기 군정위 회담은 아무리 길어도 한 번도 휴식을 하지 않고 강행군했다. 대표들은 이를 염두에 두고 회의를 앞두고 물을 마시

2021년 4월 30일 판문각이 보이는 판문점.
JSA 병사의 차림이 방탄 헬멧에서 작업모로 바뀌었다.

1990년 10월 1일 제458회 군사정전위원회 본회담.
래리 보그트 (Larry G. Vogt) 해군 제독과 유엔 사령부 고위 임원들이 판문점
군정위 테이블에서 북한측과 마주하고 있다. (JOC VL 비달, 위키백과)

지 않았다. 회의 중 뒤에 앉은 참모들은 필요에 따라 화장실을 가기
도 했으나 회의 테이블에 앉은 수석대표와 다른 대표들은 자리를
뜨지 않았다. 회의가 길어지면 미국인들은 '방광 전쟁'이 벌어졌다
며 웃었다. 쌍방 대표들은 공군 조종사용 플라스틱 소변기를 착용
해 소변 문제를 해결하는 지경에 이르렀다.

　방광 전쟁은 1972년 끝나게 된다. 레이번느 머피 미 육군소장
이 유엔 수석대표로 부임하면서부터다. 저간의 사정을 전해들은 그
는 판문점 직통 전화 전통문을 통해 회의가 길어지면 3시간에 한번
씩 20분간 중간 휴식을 하자고 제의했고, 북쪽은 두말없이 동의했
다. 그에 따라 대표들은 회의 전날 모임이 있어도 마음 놓고 술을
마실 수 있게 되었다고 한다.

남측 자유의집과 팔각정. 북측 판문각과 사상적으로 대비된다.

정치 선전에 애꿎은 비둘기가 동원된 적도 있다. 북쪽은 사전 통고 없이 공동경비구역 안 자신들의 관할 건물 지붕을 파란색으로 바꿨다. 칙칙한 분위기에 산뜻한 분위기를 내어 아무도 문제 삼지 않았다. 그런데 이후 비둘기들이 북쪽 건물 지붕에만 앉는 희한한 일이 벌어졌다. 북쪽은 미국 쪽을 향해 "보라. 평화의 상징인 비둘기조차 전쟁광인 당신네 건물에 앉지 않는다."고 말했다.

조사 결과 북쪽이 푸른색에 반응하도록 훈련된 비둘기를 방사한 것으로 드러났다. 푸른색 지붕에 모이를 뿌림으로써 비둘기가 푸른 지붕 하면 모이를 먹을 수 있다는 반응을 하도록 훈련시킨 것이다. 미군 쪽은 자신의 관할 건물 지붕을 북쪽과 동일한 색으로 바꿨다. 그러자 비둘기는 남북을 가리지 않고 앉게 되었다고 한다.

북은 1964년 10~11월 80여 명의 인원을 동원해 회의장 북쪽 언덕에 '평화의 파고다'라는 별명이 붙은 작은 파고다 모양의 휴게소를 지었다. 주변을 꽃밭으로 장식해 눈길을 끌었다. 이에 남쪽은 북쪽의 파고다보다 훨씬 보기 좋은 시설을 만들기로 하고 '자유의 집'을 건설했다. 북은 1970년 파고다 공원을 철거하고 그 자리에 2층짜리 '판문각'을 지었고 1994년에는 3층으로 증축하여 남쪽을 내려다볼 수 있도록 했다. 이에 남쪽은 1998년 기존 건물을 헐고 새로 자유의 집을 지었다. 고지대 3층 판문각과 마주볼 수 있는 4층 높이로.

## 유치한 우위 경쟁 너머

판문점이 비록 정치 선전장이 되고 유치한 우위 경쟁이 벌어지기는

군정위 회의가 열린 테이블.

했지만 분단 역사상 중요한 장소임은 분명하다. 정전협정 남쪽 당사국인 미국이 판문점을 실행력을 담보하지 못하는 한국 측에 이관하면서 벌어진 군사정전위원회와 중립국감독위원회의 활동 중단을 전화위복 삼아 정전협정을 평화협정으로 대체하는 기회로 삼을 수 있지 않은가. 중국과 미국이 뭐라 하든 눈치 보지 말고 남북이 마주앉아 우리 미래를 열어가야 한다.

이곳 역사의 현장을 방문하는 사람들은 옷깃을 여며야 한다. 규정에 따르면 군인은 각 군의 근무복에 해당하는 복장(정복 또는 근무복) 또는 적절한 사복을 입어야 하고, 민간인은 평상복, 세미 정장 또는 정장을 입어야 한다. 특히 다음과 같은 복장과 장신구는 금한다. 엄정한 역사에 대한 예의가 아니기도 하다.

소매가 없거나 복부가 노출된 셔츠·상의. 모욕적이거나 불경스럽거나 선정적이거나 비하하는 내용이 묘사된 복장. 속옷 또는 신체의 은밀한 부분이 노출되거나 찢어진 청바지나 바지. 무릎 위로 올라오는 짧은 반바지 또는 치마. 땀복 또는 레깅스와 같이 얇거나 몸에 달라붙는 겉옷 복장. 각종 스포츠 유니폼, 로고가 새겨진 운동복 등 모든 종류의 운동복. 샤워용 신발, 샌들 또는 앞코가 트인 신발. 사냥용 복장을 포함한 군복과 같은 위장 무늬가 들어간 복장. 지나치게 큰 복장 또는 지나치게 헐렁한 바지. 오토바이 탑승용 가죽 조끼 및 가죽 바지 등이다.

남북한 정상이 밀담을 나눴던 도보다리.

회담장 내부. ⓒ 김동구

판문점 내 팔각정의 야경. ⓒ 김동구

# 무장된 비무장지대

비무장지대는 정전협정 조인 당시 군사대치선을 군사분계선으로 확정하고, 그 선을 기준으로 남북 쪽이 각각 2킬로미터씩 후퇴함으로써 설정한 완충 지대를 말한다. 정전협정 제1조 1항은 이러한 완충 지대 설정이 적대 행위의 재발을 초래할 수 있는 사건 발생을 방지하기 위한 것임을 명문화하고 있다.

한 개의 군사분계선을 확정하고 쌍방이 이 선으로부터 각기 2키로메터씩 후퇴함으로써 적대 군대 간에 한 개의 비무장지대를 설정한다. 한 개의 비무장지대를 설정하여 이를 완충 지대로 함으로써 적대 행위의 재발을 초래할 수 있는 사건의 발생을 방지한다.

군사분계선과 북방경계선 및 남방경계선은 교전 당사자가 인정한

비무장지대 철책선.

지도로써 그 위치를 획정하고 있다. 군사분계선에는 황색 바탕에 검정 글씨로 군사분계선임을 표시한 표지판 1,292개를 세웠다. 북 방한계선과 남방한계선에는 각각 울타리가 설치됐는데, 지형상의 편리에 따라 다소 가감이 있어 정확히 군사분계선에서 2킬로미터 떨어져 있지는 않다.

### 비무장지대의 무장화

비무장의 구현을·위해서는 상호 군사력을 철수해야 한다. 정전협정 제2조 제13항 A는 "본 정전협정이 효력을 발생한 후 72시간 내에 일체의 군사 역량, 보급 및 장비를 비무장지대로부터 철거한다."고 규정하고 있다. 단 민사 행정 및 구제 사업을 집행하기 위해 최대 1천 명까지 군 및 민간 인력을 비무장지대에 들어갈 수 있도록 했다. 추후 군사정전위원회에서는 무기를 휴대할 수 있는 유일한 요원은 민간인 경찰로 제한했다. 하지만 군사정전위원회는 곧 비무장지대 내의 민간인 경찰의 기능을 군 경찰이 수행하는 방안에 합의했다. 비무장지대가 무장지대로 가는 첫 단추를 끼운 셈이다.

군 경찰은 일반 군인과 명확히 구별되도록 완장을 차고 자동화기를 제외한 일반 소총과 총만 소지하도록 제한했다. 판문점 공동경비구역의 경우 장교 5명 이하와 30명의 등록된 군인들만 허용되고 무기도 권총으로 제한했다.

결국 양쪽은 비무장지대 내 자신들의 구역 안에서 '민정경찰' 완장을 둘렀을 뿐 정규군 보병으로 하여금 매복 또는 순찰을 하도록 했다. 우발적 충돌은 고의적 도발로 이어졌다. 상호 무장이 강화되어 자동화기까지 도입됨은 물론 모든 지역에 걸쳐 지뢰가 매설되고 경비 초소가 들어서게 되었다.

비무장지대의 요새화는 1960년대 후반부터 본격화했다. 인민군이 무장 폭력 행위를 자행한 데 따른 것이다. 1966년부터 3년에 걸쳐 폭력 사태가 벌어져 인민군 379명, 미군 75명, 한국군 374명, 한국 민간인 80명 등 926명이 사망했다. 이에 따라 비무장지대 남방한계선에 설치됐던 허술한 울타리는 굵은 철사를 다이아몬드 모양으로 엮어 만든 이중 철책으로 교체됐다. 양측 군인은 AK-47소총과 M-16소총 무장으로 강화됐다.

비무장지대 내의 초소는 남쪽이 60개, 북쪽이 160개에 이른다. 북이 상대적으로 많은 것은 장비의 열세에 따라 육안으로 감시해야 하는 데 따른 것으로 본다. 또 규모가 작아 보이는 것은 시설 대부

DMZ 내 GP가 철수되기 전과 후의 모습. (도라산 전망대 홍보 전시물 촬영)

분이 지하화했기 때문이다. 최근 남북은 군사 합의에 따라 비무장지대 안의 초소를 상호 10곳씩 시범 철수했다.

### 원칙적으로 비무장지대는 출입금지

비무장지대의 민간인 출입은 원칙적으로 금지돼 있다. 이곳을 출입하려면 유엔사 또는 군정위의 허락이 있어야 하는데, 현재 군정위 활동이 중단돼 유엔사가 이를 통제한다. 군인을 포함해 최대 1천 명을 넘지 못하도록 돼 있다.

이에 따라 비무장지대는 생태계가 잘 보전된 구역으로 알려져 있다. 하지만 남북 모두 시야 확보를 위해 주기적으로 불을 놓고, 철책 근처는 맨흙을 드러냄으로써 대부분 지역이 습지나 민둥산의 모습을 띠고 있다. 남북 양쪽에 설치된 철책은 네발짐승을 고립시켜 포유류 동물의 유전적 건강성을 해치고 있다.

비무장지대는 애초 정전협정 당사자, 즉 유엔과 북한 인민군-

중국 의용군이 상호 통제한다. 추후 북쪽은 중국군 쪽이 철수함에 따라 인민군으로 관리 주체가 단일화했지만 남쪽은 정전협정 이래 지금까지 사실상 미군이 주체인 유엔사에서 통제권을 행사한다. 미군이 2004년 상징적인 오울렛 초소까지 한국군에게 넘기고 후방으로 철수하면서 실질적으로 한국군이 관장하고 있다.

최근 비무장지대의 출입을 두고 유엔사와 진보적인 한국 정부 사이에 불협화음이 생기고 있다. 통일부 차관의 비무장지대 방문을 유엔사에서 거절하면서 불거졌다. 이에 따라 한국 정부에서는 유엔사의 비무장지대 통제가 군사적 목적에 국한된 것이라는 새로운 해석을 내놓고 있다.

이와는 별도로 한국군과 미군은 1954년 이래 남방한계선 남쪽에 민간인 통제 구역을 설정·운용해 왔다. 통제 구역은 비무장지대 남쪽으로 5~20킬로미터에 이르며 통제선에는 철책이 세워졌다. 이는 남방한계선을 보완하여 인민군의 침투를 막고 민간인의 군사 지역 접근을 차단하기 위한 것이다. 하지만 한국 정부는 선전 목적으로 민통선 안에 민간인 마을을 조성하기도 하고 출입증을 발급받은 사람에 한해 출입 영농을 허용하고 있다. 근년에는 민통선을 비무장지대 가까이 이동하는 조치를 취한 바 있다.

# 건물명에서 지명이 된 임진각

"진수는 조심스럽게 괸 침을 창밖에다 뱉어냈다. 순간 버스는 임진강을 넘어서고 있었다. 와당탕와당탕거리며 다리를 건너는데, 처참하게 비틀어진 쇠기둥이 강으로 곤두박질을 하고 있고, 동강난 철판때기가 삐뚜름히 걸려 있기도 하고 하여, 비로소 판문점 행이라는 처절하고도 뚜렷한 의식과 결부가 되어서 웬 노여움 같은 것이 울컥 치밀어 올랐다."

## 자유의 다리를 건너

1961년《사상계》 3월 호에 처음 게재된 소설가 이호철의 단편 〈판문점〉 일부분이다. 조선호텔 앞에서 미8군 버스 편으로 출발해 판문점 가는 길은 임진강 '자유의 다리'를 건너야 했다. 자유의 다리는 전쟁 중 파괴된 경의선 임진강 복선 철교 중 피해가 덜한 하행선만 복구해 도로교로 쓰고 있었다. 1차선 일방통행으로 운영되며 상판이 나무로 되어 차량이 지날 때마다 와당탕와당탕거렸다. 상행선은 교각만 남은 채 방치되어 을씨년스러웠다.

자유의 다리는 전쟁의 상흔을 그대로 간직한 채 소설 속에 화석으로 박혔다. 폐기된 철교의 재활용은 1960년대의 궁핍과 더불어 분단의 아픔을 표징한다. 사람들은 그 다리가 유엔군의 오폭으로 파괴되었음은 애써 언급하지도 기억하지도 않는다.

'자유의 다리'는 판문점 서쪽 하천을 가로지르는 '돌아오지 않는 다리'와 짝을 이룬다. 1953년 비무장지대 장단역 부근에 임시로 집결, 수용되었던 인민군 및 중공군 측 '반공포로'가 송환 설득 과정을 거친 뒤 남과 북으로 향하게 된다. 남쪽을 택한 대부분 포로들이 걸어서 남하한 다리가 자유의 다리이고, 북송을 택한 일부가 분계선을 넘은 곳이 돌아오지 않는 다리다. 유엔군의 시선이 묻어나는 이름이다.

다리 이름은 공보담당 장교가 붙였든, 구전이 굳어졌든 의미와 기표가 상승 작용을 하여 지금껏 통용된다. 분단이 강고하고 통일은 일러 이름의 유효 기간이 연장되고 있다. 다리의 쓰임이 다하여 지날 때마다 환기하는 일이 없어지면 이름 또한 사멸할 것이다. 장단역 즈음 철길과 교차하는 도로의 구름다리가 있고, 그 이름이 '죽음의 다리'였다는 사실이 새삼스런 것은 장단역이 없어지고 국도 역시 사라진 탓이다.

2020년 현재 대성동을 가려면 옛 자유의 다리에서 동쪽으로 조금 떨어진 통일대교를 건너야 한다. 왕복 4차선 900미터 길이의

새로 놓은 임진강 경의선 철교(왼쪽)와 '자유의 다리'로 쓰였던 옛 철교 교각.

임시로 부설됐던 자유의 다리. (파주 위키)

콘크리트 다리로, 다리 남단은 민통선 검문소가 설치되어 신원을 확인하고 일반인의 경우 절차를 거쳐 출입이 허가된 경우에 한해 통과시킨다. 다리에는 철제 바리케이드가 일정한 사이를 두고 빗겨 놓여져 그 사이 지그재그로 운전해야 한다. 1998년 6월 개통된 통일대교는 자유로에서 판문점 공동경비구역까지 도로 신설 및 확장 공사를 추진하면서 건설됐다. 건설 당시 자유대교, 임진대교로 불리다가 통일대교로 최종 결정됐다. 다가올 '통일'의 흡인력이 강하기 때문이 아니었을까. 개통 다음날인 6월 16일 정주영 현대그룹 회장이 소떼 방북이란 기발한 퍼포먼스를 벌임으로써 이름 위에 방점을 찍었다.

자유의 다리는 김대중-김정일 체제에서의 남북 해빙 무드에 따라 추진된 경의선 복구 사업 결과 리모델링을 거쳐 열차가 다니는 철교로 거듭났다. 2002년 6월 평양에서 열린 남북 정상회담에서 합의되어 이듬해 6월 문산에서 개성까지 27.3킬로미터 구간이 정식 개통됐다. 2004년 11월부터 인원과 차량이 오갔으나 이명박 정부 이후 남북 열차 통행은 중단되었다. 하지만 남북 출입 사무소를 겸한 도라산역까지는 2019년까지 열차가 운행된 바 있다.

### 실향민의 북방한계선인 임진각

현재 경의선 전철의 종착역은 문산이다. 문산에서 임진강역(도라산역 직전 역) 구간은 관광객을 위해 하루 4차례(상하행 각각 두 차례) 셔틀이 다닌다. 토·일·공휴일에는 하루 8차례. 임진강역에서 걸어서 5분이면 임진각이다. 더 이상 북행할 일 없는 일반인들이 맴돌며 분단 현실을 되새기는 곳이다.

　　임진각은 휴전 뒤 실향민이 명절이면 찾아와 망향례를 지내는

임진각 일대.

　　　　　　　　　　　　　　　6장 대성동 인근 돌아보기

소중한 문화재입니다.
올라가지 마십시오!

This is a precious cultural
heritage. Do not step up.

大切な文化財です。
昇らないでください。

是一种珍贵的文化遗产. 不要上去.

장단역에서 임진각으로 옮겨와
전시되고 있는 폐 증기 기관차.

곳이다. 그들을 위한 제단이 만들어지고, 허기를 달랠 음식점과 편의 시설이 들어서게 된다. 임진각은 그러니까 강변에 있던 옛 정자나 비각이 아니라 영업 시설이 들어선 건물 이름이다. 찾는 이가 많아지면서 건물 이름이 천연덕스럽게 지명으로 바뀌었다. 그 언저리는 분단을 주제로 한 테마공원으로 거듭났다. 각종 조형물과 놀이 시설이 들어서고 옛 경의선 교각은 '독개다리'라는 이름으로 일부 재현되었으며 자유의 다리 모조품도 세워졌다.

가장 눈에 띄는 것은 오래된 증기 기관차다. 1950년 12월 31일 장단역에서 파괴된 채 방치되어 있던 것을 2007년 이곳으로 옮겨 온 것이다. 기관차는 25량의 화물 열차에 북진해 있던 연합군을 위한 군수 물자를 싣고 평양으로 이동하던 중 중공군의 인해 전술에 밀려 한포역에서 유턴해 연합군과 함께 후퇴하던 길. 연합군은 결국 장단역에서 인민군에 따라잡혀 이용될 것을 우려해 무차별 총격을 가해 파괴했다. 1천여 개 총탄 자국과 함께 녹슬어가던 것을 보존처리해 전시하고 있다. 문화재청 등록문화재 제78호. 마터Matei형으로 일제 강점기 말 도입돼 북쪽 지역에서 주로 쓰인 산악형이다. 방치된 동안 화통에 뽕나무 한 그루가 뿌리를 내려 자랐는데, 현재 기관차 옆 땅으로 자리를 옮겨 잘 자라고 있다.

"산과 산이 마주 향하고/ 믿음이 없는 얼굴과 얼굴이 마주 향한/ 항시 어두움 속에서 꼭 한 번은/ 천동 같은 화산이 일어날 것을 알면서/ 요런 자세로 꽃이 되어야 쓰는가

저어 서로 응시하는 쌀쌀한 풍경/ 아름다운 풍토는 이미 고구려

　　　　　　　　　6장 대성동 인근 돌아보기

같은 정신도/ 산과 같은 이야기도 없는가/ 별들이 차지한 하늘은 끝끝내 하나인데/ 우리 무엇에 불안한 얼굴의 의미는 여기에 있었던가

모든 유혈은 꿈같이 가고/지금도 나무 하나 안심하고 서 있지 못할 광장/ 아직도 정맥은 끊어진 채 휴식인가/ 야위어가는 이야기뿐인가

언제 한 번은 불고야 말/ 독사의 혀같이 징그러운 바람이여/ 너도 이미 아는 모진 겨우살이를 겪으라는가/ 아무런 죄도 없이 피어난 꽃은 시방의 자리에서/ 얼마를 더 살아야 하는가 아름다운 길은 이뿐인가

산과 산이 마주 향하고/ 믿음이 없는 얼굴과 얼굴이 마주 향한/ 항시 어두움 속에서 꼭 한번은/ 천동 같은 화산이 일어날 것을 알면서/ 요런 자세로 꽃이 되어야 쓰는가.”

임진강역 들머리에 세워진 박봉우의 '휴전선' 시비다. 임진각 비석지구에 끼지 못한 채 외롭게 서 있다. 비석 지구의 기념물들이 한국전과 휴전 이후 남북 대립에서 공을 세우거나 희생된 분들을 직접적으로 기리는 것과 달리 남북 가름 없이 분단의 아픔을 곱삭이는 내용이다. 비석 지구가 포화 상태이기도 하려니와 결이 다른 내용의 시비를 용인할 여력이 없는지도 모른다. 임진강역은 경의선, 자유로, 통일로가 잠시 겹쳤다가 흩어진 곳. 만들어진 시대와 유래가 다른 세 길이 입체적으로 겹치면서 길손을 착잡하게 만든다.

경의선이 남북 화합으로 가는 과정에서 다시 연결돼 해빙을 상징한다면 자유로와 통일로는 각각 노태우, 박정희 정부의 남북 대결 정책에서 나온 결과물이다.

자유로는 서울 마포구 상암동 가양대교에서 경기도 파주시 문산읍 임진각에 이르는 49.8킬로미터 길이의 왕복 10차선이다. 1992년 8월 15일 개통됐는데, 도로 종점인 자유의 다리에서 이름을 따왔다. 1990년 9월 홍수로 무너진 고양시 지역 한강 제방을 보수할 겸 통일을 대비한 간선 도로로 만들어졌다. 군사 지역이 포함된 탓에 건설 인력으로 군인이 동원되었고, 1제곱미터당 100톤을 견딜 수 있도록 튼튼하게 포장했다. 성동IC부터 임진각 구간에 가로등이 없는 것도 그런 이유다.

통일로는 서울역에서 판문점까지 57.5킬로미터 길이의 국도다. 1971년 임진각까지 개통되었다가 통일대교가 세워져 판문점까지 연장됐다. 원래 기점은 서대문 홍은동 네거리인데, 2010년 도로명 개편 때 서울역에서 홍은동의 네거리 의주로가 합쳐졌다. 구파발 네거리 롯데몰 은평점 근처에 세워진 머릿돌 글씨는 박정희 필체다.

자유의 이름은 연면하다. 서울에서 북행한 자유로, 임진강 자유의 다리, 미군기지 캠프 리버티(캠프 보니파스), 판문점 자유의 집. 대성동 자유의 마을 공회당(현재 마을 박물관) 이름도 '자유의 집'이다.

통일 역시 그렇다. 서울에서 북행한 통일로, 임진강 통일대교 그리고 판문점 북측 통일각.

자유로의 황혼.

# 오래된 미래 의주로

자유로와 통일로는 그 이름과 달리 대성동 못 미쳐서 끊겨 있다. 문
대통령 역시 2018년 남북 정상회담 때 자유로를 달려 판문점에서
멈췄다. 그에 반해 의주로는 분단 이전에 남북을 잇는 길이었고, 통
일이 되면 서울과 평양을 잇는 길이 될 터이다. 그 점에서 의주로는
우리 한반도의 과거이자 미래다.

## 중국 사신이 오가던 길

의주로는 조선 시대 서울과 전국 각지를 잇는 9개 간선로 중 하나
로 서울-의주 길을 말한다. 9개 간선로는 제1로 의주로 외에 제2로
서수라로(서울-경흥부 서수라), 제3로 평해로(서울-평해), 제4로 부산
로(서울-동래부 부산진), 제5로(경상도 경유 통영로), 제6로(전라도 경유
통영로), 제7로 제주로(서울-해남-제주), 제8로 충청수영로(서울-보

령), 제9로 강화로(서울-강화)가 있다.

의주로는 서수라로(흥인문-수유치-김화-함흥-회령-경흥)와 함께 서울에서 북쪽으로 난 길이다. 경로를 보면 영서(연서)역-벽제역(고양)-마산역(파주)-임진나루-동파역(장단)-청교역(개성)-평양-안주-정주-곽산-철산-의주 1,080리다.

간선로에는 원칙적으로 말을 갈아타는 역과 숙박 시설인 원을 30리마다 두었다. 의주로에는 26개 역이 설치 운용됐다. 사신과 고위 관리의 숙소로 국립 호텔 격인 관을 두었다. 의주로에는 중국 사신의 첫 휴식처인 의주 의순관, 고양초등학교 부근 벽제관, 서대문 모화관(영천동) 등이 있다. 강을 건너야 하는 곳에는 나루 시설, 즉 규모가 큰 도渡와 그보다 작은 진津을 두었다. 전국 7개소의 도(한강도, 양화도, 노량도, 삼전도[이상 한강], 임진도, 낙하도[이상 임진강], 벽란도[예성강]) 가운데 의주로에는 임진도가 운용됐다.

중국행 사신은 한해 4차례 보내다가 인조 22년부터 한해 1차례로 축소됐는데, 사신단은 30명 공식 사절 외에 수행 상인을 포함하면 300~600명에 이르며 200~500마리의 마필이 동원됐다. 인력과 물자 이동이 크고 빈번한 만큼 여느 간선로에 비해 유지 관리가 잘된 편이다. 서울-개성은 대로(너비 20척, 6미터), 개성 이북은 중로(15척, 4.5미터)로 운영되어 수레 사용이 가능했다고 한다. 하루 걸이를 40리(16킬로미터)로 치면 15일 정도 걸린다.

의주로는 여느 간선로처럼 공문서 전달, 관물의 수송, 공무 여행 등 기본 기능 외에 한·중 사신의 왕래, 군사의 이동 등 정치 군사적 비중이 컸다.

6장 대성동 인근 돌아보기

간선로는 교통로 외에 체신, 군사 겸용으로 운용된 바, 노변 주요 산봉우리에 연대(煙臺)를 두고 이를 선으로 잇는 봉수제를 함께 운용했다. 낮엔 연기, 밤엔 불로써 변방 상황을 서울로 전달하는 바 아무 일 없을 땐 한 차례, 적이 나타나면 두 차례, 경계에 이르면 세 차례, 경계를 침범하면 네 차례, 전투가 벌어지면 다섯 차례 신호를 보냈다. 의주 봉수는 압록강변의 적정을 전달하는 의주로변 직선 코스와 북방 해안의 경계 상황을 전달하는 해안 봉수 등 두 개의 봉수로를 운용했다. 하지만 임진왜란과 병자호란 때 제 기능을 발휘하지 못해 보완책으로 파발제를 병행했다. 20~30리마다 41개 참을 두어 병사가 직접 뛰거나(보발), 말을 달려(기발) 신호를 전달토록 했다. 참은 역원과 혼용됐다.

의주로는 기본적으로 한반도 서쪽 저지대를 남북으로 관통한다. 태백산맥에서 분기한 북동~남서 방향 산맥들 끄트머리를 고개 삼아 넘고 임진강 중류, 예성강 상류, 청천강 하류 물살이 얕고 느린 곳을 나루 삼아 건넌다. 교통 편의를 위해 획정·운용된 노선 운용 원칙은 관아가 비산비야 배산임수 지역에 들어서는 경향과 맞아떨어져 지방 행정 중심지와 병영이 설치된 곳을 경유지로 했으며 이는 거꾸로 지역의 발달을 촉진하는 구실을 했다.

### 의주로를 따라 조성된 1번 국도

일제 강점기에 의주로를 기반으로 하는 1번 국도가 개설됐다. 전래의 길이 도보 또는 수레 통행을 위한 규모였다면 신작로는 자동차가 다닐 수 있도록 높낮이를 고르고 폭을 넓혔다. 하천에는 콘크리

1번 국도와 의주로

— 의주로
— 1번 국도

트 교량을 놓았다. 혜음령 등 몇 구간을 제외하고는 대체로 의주로
의 경로를 따랐다.

1900년대 초기에 닦은 1번 국도(통일로)가 서울역-서대문-무
악재-불광동-여석현(숫돌고개)-고양동-관산동-내유리-봉일천-월
롱리-봉암리-문산-운천-임진각 구간인 반면 의주로는 고양동에
서 갈려 망객현-벽제관-혜음령-용미리-광탄-연풍리-주내리-선
유리-화석정으로 이어진다. 의주로가 문산천, 임진강 등 하천을 건
너기 쉬운 곳을 지나려 혜음령처럼 비교적 높은 고개를 택한 반면
1번 국도는 교량 가설 기술을 적극 활용하여 강폭이 상대적으로 넓

6장 대성동 인근 돌아보기

은 저지대에 개설됐다. 그에 따라 행정 중심지가 서쪽 저지대로 이동했다. 조선 시대 고양군 군소재지는 벽제관이 있던 고양리(현재 고양동)였다가 현재는 1번 국도가 지나는 일산시로, 조선 시대 주내(파주읍)에 있던 파주군 소재지는 역시 1번 국도와 경의선이 지나는 파주시 금촌으로 옮겨갔다. 기존 의주로 상의 광탄, 주내, 연풍리 등은 교통 요지에서 외딴 동네로 전락했다.

혜음령(해발 160미터)은 고양시 고양동과 파주시 광탄면을 가르는 고개. 지금은 찻길과 터널이 뚫려 믿기지 않지만 호랑이와 도둑이 출몰했다고 전한다. 광탄면 용미4리(속칭 진지 마을)에 나그네들이 고개를 넘기 전 지친 몸을 의탁한 혜음원 터가 남아 있다. 임진왜란 때 명 이여송 군대가 진을 쳤다는 어름이다. 고개 너머 고양시 신원마을에서 명군은 일본군한테 패했다.

용미리-분수리 고개에는 2구의 마애불(용미리 마애이불입상. 보물93호)이 있어 통행인들이 가며오며 안녕을 빌었다. 광탄면 신산리를 벗어나면 큰 개울이 나오는데 이곳이 광탄이다. 방축리를 지나 가좌현(가재밋고개, 해발 70미터)을 넘으면 파주읍. 파주리에 현재 향교가 남아 있어 옛 군소재지임을 짐작할 수 있다. 개미고개를 넘으면 향양리 서작포 마을. 문산 포구의 배가 이곳까지 드나들었다고 전한다. 길은 문산여고 앞 농로를 따라서 이천리를 지나 임진 나루에 이른다. 지금은 군사 지역으로 출입할 수 없다. 가까이에 믿거나 말거나 선조의 한밤 도강을 밝혔다는 화석정이 있다.

의주로를 계승한 1번 국도의 개선된 물류에 눈길을 준 이가 박흥식 (1903~1994)이다. 1931년 29세에 귀금속상회인 화신상회를 인수한 뒤 3층 콘크리트 건물로 증개축하여 화신백화점을 열었다. 최저가 매출 등 소비자 위주의 정책과 합리적 경영으로 이듬해에 경쟁자인 동아백화점을 인수 합병하고 여세를 몰아 1934년 유통경로를 단순화한 연쇄점을 창안했다. 요즘으로 치면 프랜차이즈 슈퍼에 해당한다.

현금은 없지만 자기 부동산을 보유하여 점포를 낼 수 있는 지역 유지를 대상으로 상품을 무이자로 공급하고 상품 대금 결제는 4~6개월 장기 어음으로 처리했다. 주문 상품이 마음에 들지 않으면 반품을 받아주고 폐업 때는 상품 전량을 본부에서 인수하는 등 획기적인 조건이었다.

전국 13개 주요 시군읍면에 1천 개를 열기로 하고 1차로 350개소를 모집한 결과 목표의 10배가 넘는 4,600여 곳에서 참가 신청을 해올 정도로 성공적이었다. 그해 11월 전국 350개의 연쇄점이 일제히 문을 열었다. 서울, 평양, 부산, 원산, 군산 등 5개 도시에 배급소를 설치하고 오사카 지사에서 물건을 직수입하여 상품을 저가로 공급했다. 1936년에는 화신연쇄점주식회사를 출범하고 점주의 희망에 따라 연쇄점 신축, 개조, 내부 장치 등을 실비로 시공해 줬다. 물류가 활발했던 임진강 고랑포에도 화신연쇄점이 설치된 바 있다. 박흥식은 2년마다 전국 점주가 참여하는 전 조선 화신연쇄점대회를 열어 세를 과시했다. 1940년 들어 '7·7금지령'이라는 경제 통제령이 내리면서 연쇄점 확장이 중단됐다.

박흥식의 지리적 안목은 1936년 봄 서울 도시 계획 사업 구상에서도 드러난다. 당시 서울 인구가 폭주하여 그 분산책에 골몰한 바, 고양군 은평면(현재 불광동 너머 숫돌고개에서 수색까지) 일대에 위성 도시를 건설할 것을 제안했다. 그곳 신도시와 종로 네거리 화신백화점까지 지하철을 놓아 10분 안에 도심과 통할 수 있도록 한다는 구상이다. 당시 조선 총독이었던 우가키를 불광동 숫돌고개로 데려가 설명을 함으로써 허락을 받아냈다. 그의 구상은 1936년 8월 새로 부임한 미나미지로 총독과 회사 운영권을 둘러싼 이견으로 틀어지고 1937년 중일 전쟁이 터지며 최종 무산됐다.

그는 연쇄점 사업을 시작할 때 한반도 경제 침략의 본거지인 조선식산은행에서 3천만 원을 대부받은 바 있으며 일제 말기인 1944년 경기도 안양에 조선비행기공업주식회사(조비)를 차려 일제의 전시 동원 체제에 협력한 바 있다. 해방 이후 반민특위 구속1호가 된 바 있으며 5·16군사정부에서 부정 축재자로 몰려 수감되기도 했다. 재산 헌납 서약을 하고 풀려난 그는 영등포구, 송파구, 과천 일대 8천만 평방미터에 이르는 지역을 아우른 '남서울 도시 계획안'을 입안해 군사 정부에 제시한 바 있다. 두 차례 도시 개발 계획은 여러 모로 실현 가능성이 낮았으나 통 크고 선구적인 점에서 전국 체인점 구상과 일맥상통한다.

지금은 임진각에서 끊긴 의주로(통일로). 일제 강점기 이전의 완전한 의주로가 열리면 그 길 주변으로 박흥식의 연쇄점과 같은 새로운 사업이 출현하고, 대규모 신도시가 열릴 터이다. 개성공단은 일찍 도래한 미래상 가운데 하나가 아니겠는가. 통일 한반도는 삼

대성동 인근의 의주로.

천리 강토를 재편할 수 있는 통 크고 새로운 안목을 가진 인재의 활약을 기다릴 테다. 병이 돌면 어딘가 약초가 자라듯이 깊게 파여 끊긴 땅 여기저기 통일의 씨앗이 움트고 있지 않겠는가.

# 하나 된 나라를 지향한다면

《데프콘 4: 모닝캄의 나라》. 1990년대 판문점 부근 DMZ 정찰병으로 복무한 미국인이 쓴 가상 소설이다. 대성동 마을의 어느 집 지하실까지 뚫린 터널을 통해 잠입한 젊은 여성이 미군 부대 주변에서 접대부로 일하면서 스파이 활동을 한다는 내용이 포함돼 있다. 허구적인 소설에 불과하지만 대성동과 그곳 주민을 바라보는 미국인의 시각이 반영된 것은 아닌지.

관점이야 어떠하든 지은이는 대성동 마을에서 멀지 않은 곳에서 제3땅굴이 발견된 사실을 참고한 듯하다. 그 땅굴 길이가 1,636미터이니 기정동 '평화의 마을'에서 파들어 왔다면 대성동 '자유의 마을'을 지나치고도 남을 터이다.

기정동과 대성동은 한반도에서 가장 가까운 동시에 유일하게 존재하는 남북 이웃 마을이다. 대성동 주민이 군사분계선과 잇닿은 논에서 일을 할 때 북한 군인 또는 북한 군인과 함께 자신의 논에 일하러 나온 기정동 주민과 조우할 여지가 있다. 하지만 서로 대화하는 행위가 금지돼 있어 분단이 고착된 이래 두 마을 주민이 공식이든 비공식이든 접촉한 사례는 확인되지 않는다. 판문점에서 군사정전위를 비롯한 정부 관계자들이 꾸준히 공식 접촉을 해온 것과 비교된다. 두 마을과 주민은 상부 이데올로기의 우월성을 과시하려는 수단으로 이용됐다.

남북이 비무장지대 남쪽과 북쪽에 민간인 마을을 하나씩 두기로 합의한 이유를 상기해 보라.

마을 설치에 관한 상호 약속을 기술한 제6차 군사정전위원회 후속합의서(1953년 8월3일)는 확인되지 않지만, 합의에 이르기 위한 제5차 군정위 회의록을 보면 비무장지대화 전부터 대대로 농사를 지어온 주민의 생활고를 해결해 주려는 인도적인 배려였음을 알 수 있다. 당시 남쪽이나 북쪽이나 모두 농업 국가였음을 감안하면, 양쪽 군정위 회담 대표들이 농업을 존중하고 농민의 고충을 충분히 공감했기에 쉽게 합의에 이르지 않았을까.

합의 연장선에서 두 농촌 마을 사이를 흐르는 하천의 수자원을 공유하는 일은 추후 검토되어야 마땅한 사안이었다. 유감스럽지만 후속 군사정전위원회에서 이 문제가 거론된 바 없다. 사천 물 관리는 남북 공동이 아닌 남북 각자에게 맡겨졌다. 그로 말미암아 군사분계선과 겹치는 사천 본류의 풍부한 물은 양쪽이 각각 쌓아올린 둑 사이로 흘러가게 두고 남북쪽 각각의 지천에 저수지를 만들어 농업용수로 활용하게 되었다. 현재 장마철 홍수가 나면 대성동이나 기정동 마을이나 모두 피해를 보고 있다.

대성동과 기정동 마을은 그 배후에 높이 경쟁을 해온 깃대를 두고 있다. 각각의 깃대에는 대한민국, 조선인민민주주의공화국 국기가 24시간 365일 걸려 있다. 각각의 마을이 속한 체제의 상징물이다. 양쪽 모두 애초 마을 설치 목적을 잊고 곁가지로 흘러 선전 마을로 삼은 데 따른 결과이다.

2018년 4월 27일 문재인-김정은 남북 정상회담에서 채택한 판문점선언을 상기하자. 확성기 방송, 전단 살포 등 적대 행위 중단이 포함돼 있다. 후속 조처에 따라 비무장지대 안의 일부 GP를 철거하고 판문점 공동경비구역의 비무장화를 실현했다. 시선을 조금 옆으로 돌려 대성동과 기정동 마을의 깃대에 한반도기를 달면 어떠한가. 장차 하나 된 나라를 지향한다면, 그에 대한 염원을 표상하고, 상징적이기는 하나 통일한국을 미리 구현해 보는 일은 의미 있다고 본다. 어쩌면 문-김 두 정상이 손잡고 군사분계선을 넘은 퍼포먼스만큼, 혹은 그 이상의 효과가 있지 않을까. 큰 제비 두 마리가 날아왔다고 봄이 온 것은 아니다. 사람들은 작은 제비가 떼 지어 날면 봄이 이미 와있음을 안다.

대성동의 카운터파트인 기정동 마을을 아우르지 못한 채 책을 마무리하는 게 못내 걸린다. 그곳을 다녀오면 좋으련만. 그렇지는 못해도 그쪽 정보를 얻을 수 있었더라면 좋았을 텐데, 정말 아쉽다. 의주로가 이어지는 날, 눈 밝은 누군가 반쪽을 아울러 온전한 내용을 갖춘 책을 쓰지 않을까 싶다. 이 책이 마중물이면 좋겠다.

참고문헌

《경기도 DMZ 자유의 마을 대성동》(경기문화재단 펴냄, 2014)

〈대성동종합개발계획〉(내무부, 1978)

《대성동 종합농업개발사업계획서》(농업진흥공사, 1979)

《대성동지구 농업용수 개발》(농업진흥공사, 1979)

《땅굴의 진실과 신비의 DMZ》(예병주 지음, 온북스, 2015)

《서부전선 비무장지대-파주, 비무장지대 DMZ를 가다》(Steven M. Tharp 지음,
    도서출판 철마, 2014)

《서울도시계획이야기 1》(손정목 지음, 한울, 2003)

《역사의 증언 - 휴전회담비사-》(양대현 지음, 형설출판사, 1993)

《조선 시대의 교통로에 대한 역사지리적 연구, 한성-의주 간의 사례로》(이혜
    은, 이화여대 대학원 석사논문, 1976)

《지구상의 마지막 비무장지대를 걷다》(서재철 지음, 휴머니스트 펴냄, 2015)

《판문점》(이호철, 북치는마을, 2012)

《판문점의 비사》(정성관 지음, 평문사, 1953)

《판문점 일기》(K. S. 티마야 지음, 라윤도 옮김, 소나무 펴냄, 1993)

《판문점지역 종합개발 건의》(중앙정보부, 1979)

《화신 50년사》(화신산업주식회사, 1977)

《JSA-판문점(1953-1994)》(이문항 지음, 소화 펴냄, 2001)

*CALL SIGN: PURPLE THREE patrolling the us sector of the korean DMZ*(Mark
Heathco, lulu publishing service, 2018)

*DEFCON 4 korea: land of the morning calm*(Mark Heathco, lulu publishing service,
2015)

*The Devil's Playground, inside america's defense of the deadly korean dmz*(gary bloomfield
지음, lions press 펴냄, 2019)

# 대성동

DMZ의 숨겨진 마을

| 발행일 | 2021년 11월 21일 1쇄 |
| --- | --- |
| 지은이 | 임종업 |
| 기획 | 파주시 중앙도서관 |

| 펴낸곳 | 소동 |
| --- | --- |
| 주소 | 경기도 파주시 돌곶이길 178-23 |
| 전화 | 031-955-6202, 070-7796-6202 |
| 팩스 | 031-955-6206 |
| 페이스북 | https://www.facebook.com/sodongbook |
| 전자우편 | sodongbook@gmail.net |

| 사진 | 남규조 |
| --- | --- |
| 편집 | 송복란, 소나무와민들레 |
| 디자인 | 디자인 <비읍> |
| 도움주신 분 | 김동구 |

ISBN     979-89-94750-85-9 03340

본 도서는 파주시 중앙도서관이 기획하고 소동출판사가 주관하여 제작되었습니다.